働き方改革
時代の
人的資源管理

梶原　豊・吉村孝司 ──［編著］
Yutaka Kajiwara　*Koji Yoshimura*

同友館

は　し　が　き

　わが国に近代産業が誕生した明治時代以降、わが国の社会は大きな変化を遂げてきたが、21世紀の今日までを振り返っても、今ほど環境変化の速い時代はなかったのではないだろうか。その変化を加速させている要因には、グローバリゼーションの潮流と技術革新、情報化の進展がある。

　第二次大戦後、わが国は、経済復興、高度成長、資本自由化、開放経済、リーマンショック、低成長経済の時期などさまざまな体験を経てきたが、その後の国際化、グローバリゼーションの潮流は、政治経済、産業、人々の生活、地域社会、社会全体にさまざまな影響を与えており、それらへの対応が急務となっている。そして、多くの分野で進む技術革新の潮流は、広く国内外に拡大し、産業、労働の場、日常生活など、すべての場へと影響を及ぼしている。技術革新の成果の一つといえる情報技術の進歩は、われわれの日常生活、意識・価値観の形成に多くの影響を与えていることは周知の通りである。

　そして、わが国では今、少子高齢化が国家としての重要問題となっている。少子高齢化は、わが国の政治経済、社会、産業全般にわたるさまざまな課題の主たる要因となっており、国として、社会として、産業として、さらには個々人として、考えるべき種々の問題の発生要因になっている。

　本書執筆のメンバーは、専門団体や学会での調査研究活動などを通じて、国内外の企業、人的資源管理活動などに関わる諸問題、課題に接しており、共通の問題意識をもつ機会がある。そこで、われわれは経営学、人的資源管理の領域から日頃抱いているテーマを何らかの形で発表し、問題、課題の解決に歩を進めたいと考えていた。

　本書を刊行するにあたっては、企業などで労働に従事する人たちに焦点をあて、人的資源管理活動に関わる喫緊の課題を、他の経営課題とのバランスに配慮しつつ、抽出することにした。本書の第Ⅰ部第2章、第3章、第4章－1、3は『賃金事情』（産労総合研究所）に連載したもの（一部改変）であり、第Ⅰ部第1章、第4章－2および第Ⅱ部は、調査研究活動などを通じて、執筆メ

ンバーが感じていること、考えていることを中心に執筆した。

　本書執筆中、政府は日本経済活性化策の一環として「働き方改革」、「労働生産性向上」をテーマにした政策を発表したが、偶然にもこれらは、われわれが抱いていた問題意識と共通する側面がある。しかし、われわれは、人的資源管理を構成する管理活動のすべてに見直すべき課題があると認識している。

　われわれは、本書を通じて、自社の人的資源管理が環境変化に即して改革できない原因は何かを、人事などの実務担当者に考えていただき、時代の潮流に対応した制度や施策を導入していただくことを願うものである。実務担当者には人的資源管理活動のエキスパートとして、現在の自社の人事システム、施策、能力開発活動を見直すステップとしていただきたい。また、大学、大学院の学生諸君には、変化し続ける現代社会において、環境に対応した人的資源管理には、どのような思想やシステム、施策が求められているかを考え、人的資源管理活動全般を多面的に学習する機会としていただきたい。

　本書では、われわれ執筆者が日頃感じている問題点や課題が提起されているが、読者の皆さまが本書に提起された人的資源管理上の問題点や課題の解決に取り組むことによって、変化し続ける社会環境に対応した人的資源管理活動を設計する契機になることを願っている。

　本書第Ⅰ部の大半は『賃金事情』編集長・伊関久美子氏に執筆の機会を与えていただいた原稿がもとになっており、同氏には心から感謝を申し上げたい。そして、本書の出版にあたっては、同友館代表取締役社長・脇坂康弘氏、出版部長・鈴木良二氏、編集室長・神田正哉氏から的確な助言をいただいた。執筆者を代表して、心から感謝申し上げる次第である。

2019年1月吉日

編著者　梶原　豊

吉村孝司

【目　次】

第Ⅰ部　労働環境転換期における人的資源管理と新たな課題

第1章　労働環境転換期における人的資源管理 …………………… 2
　1　転換期の人的資源管理　2
　2　人的資源管理システムの点検　3
　3　日本企業が蓄積した経営ノウ・ハウの活用　5
　4　人材育成・能力開発活動への取組み　7

第2章　ポストバブル期の人的資源管理──日本的経営システムの調整 …… 11
　1　グローバル経営への展開と人的資源管理　11
　　1－1　進展するグローバリゼーション・環境変化と企業の対応　11
　　1－2　グローバリゼーションに対応する日本企業の戦略　13
　　1－3　グローバリゼーションの進展と人事労務管理　15
　　1－4　人事労務管理から人的資源管理へ　17
　2　日本的経営システムの調整をめぐる動向　19
　　2－1　1990年代後半の日本的雇用慣行からの変容　20
　　2－2　長期継続的雇用の比重低下と能力処遇の前進　22
　　2－3　事例研究：栗田工業能力適性人事制度の設計・運用　23
　　2－4　企業活力を支えた三つの源泉と長期雇用慣行の動き　24
　　2－5　雇用調整実施と企業内労使関係の維持　24
　　2－6　日本的経営システムの多様な適応　25
　3　人材開発活動とプロフェッショナル化への取組み　27
　　3－1　1990年代の経営環境の変化と新人材時代の到来　27
　　3－2　新人材時代の人材開発──「専門・プロ人材」の育成　28
　　3－3　専門職制度の展開　31
　　3－4　プロフェッショナル・マネジャーの育成　35

第3章　産業構造改革、雇用の多様化と人的資源管理システムの再編成 …… 37

1　産業構造転換と人的資源管理・人事システムの改革　37
 1 − 1　はじめに　37
 1 − 2　産業構造の転換　37
 1 − 3　従来の人事システムのゆらぎ　39
 1 − 4　2000〜2009年における人事システムの改革　41
 1 − 5　おわりに　45

2　人的資源の活用と雇用の多様化　46
 2 − 1　はじめに　46
 2 − 2　雇用形態の多様化　46
 2 − 3　雇用形態の多様化と人的資源活用の課題　49
 2 − 4　おわりに　52

第4章　新たな経営課題への挑戦と人的資源管理システムの整備 ……… 54

1　新たな経営課題、働き方改革、人材多様化と人的資源管理　54
 1 − 1　はじめに確認しておくべき二つのこと　54
 1 − 2　組織内外の新たな経営環境の動向　55
 1 − 3　組織能力の向上に向けて　58
 1 − 4　目標管理制度の本質と活用　63

2　新たな時代に向けた人的資源管理システムの整備　63
 2 − 1　変化する経営環境とこれからの進展　63
 2 − 2　人的資源管理をめぐる実態と変化　64
 2 − 3　これからの人的資源管理システム　67

3　働き方改革と労働生産性向上への取組み　70
 3 − 1　働き方改革の目指すもの　70
 3 − 2　働く側の「働き方改革」　71
 3 − 3　働かせる側の「働かせ方改革」　74
 3 − 4　生産性向上へ向けて　76
 3 − 5　求められる労働者の自律性と企業の支援　77

第Ⅱ部 21世紀の人的資源管理——課題への具体的対応

第5章 人的資源管理の変遷と今後の展望 …………………………80

1 人的資源管理の変遷　80
  1-1 人的資源管理の萌芽　80
  1-2 人的資源管理の草創——ホーソン実験と新しい労働者観　82
  1-3 人的資源管理の発展　83

2 これからの人的資源管理　84
  2-1 わが国における人的資源管理環境の変化　84
  2-2 働き方改革と人的資源管理　88

第6章 戦略的人的資源管理と人事部門の役割 …………………100

1 戦略的人的資源管理とは　100
  1-1 人的資源管理観の変容　100
  1-2 戦略的人的資源管理の前提　102
  1-3 戦略的人的資源管理のフレームワーク　103
  1-4 戦略的人的資源管理の類型　105

2 人事部門の役割　107
  2-1 戦略パートナーとしての人事部門　107
  2-2 日本企業における動向　107

第7章 キャリア形成と能力開発 …………………………………109

1 職業能力・キャリア形成のためのステップ——雇用管理　109
  1-1 キャリア開発　109
  1-2 雇用管理　113

2 職業能力・エンプロイアビリティ開発への取組み——教育訓練管理　120
  2-1 教育訓練　120
  2-2 教育訓練と能力開発　121
  2-3 後継者育成　122

第8章　モチベーション管理と賃金管理 …………………………………… 124

1　モチベーション・モラール発揮のための環境づくり──人間関係管理　124
　1-1　ホーソン実験　124
　1-2　組織の硬直化と活性化　125
　1-3　組織開発　127
　1-4　学習する組織　129

2　生活支援によるモチベーション向上──福利厚生（企業福祉）　131
　2-1　福利厚生の現状と課題　131
　2-2　福利厚生の仕組み──法定福利と法定外福利　132
　2-3　仕事と生活を充実させる福利厚生の役割　140
　2-4　福利厚生の今後　144

3　モチベーション・能力発揮要因──賃金管理　145
　3-1　はじめに　145
　3-2　賃金の多面性　145
　3-3　賃金額の決定　146
　3-4　賃金管理の意義　147
　3-5　賃金体系　148
　3-6　基本給の決まり方　149
　3-7　賃金制度における注意点　151
　3-8　賃金管理の動向　152

第9章　多様な働き方時代への対応と人事評価 …………………………… 155

1　「多様化」をとらえる視点　155

2　就業形態の多様化と生産性──労働時間管理　157
　2-1　労働時間の基本的な考え方　157
　2-2　就業形態の多様化と労働時間管理の考え方　159
　2-3　固定されない労働時間の管理──問題解決の視点を変える　160

3　健康経営への取組み──安全衛生管理　161
　3-1　企業における健康管理の考え方　161
　3-2　健康経営への取組み　165

4　やる気・能力発揮のための仕組み──人事評価管理　168
　　4−1　人事評価の考え方と目的　168
　　4−2　人事評価に必要な条件　169
　　4−3　人事評価の手法としての人事考課　169
　　4−4　成果を重視する評価制度への移行　172
　　4−5　目標管理制度　173
　　4−6　多様な働き方に対応する人事評価制度　174

第10章　変化する労働環境と人的資源管理監査　178

　1　経営力・経営安定のポイント──労使関係管理　178
　　1−1　労使関係の現状と課題　178
　　1−2　今後の労使関係　183
　2　人的資源管理の評価──人的資源管理監査　185
　　2−1　適切な人的資源管理システムの重要性　185
　　2−2　人的資源管理監査の取組み　186
　　2−3　人的資源管理監査の体系と手法　186
　　2−4　よりよい労使関係の構築のために　187

【編著者・著者紹介】　189

第Ⅰ部

労働環境転換期における人的資源管理と新たな課題

第1章 労働環境転換期における人的資源管理

第2章 ポストバブル期の人的資源管理
　　　——日本的経営システムの調整

第3章 産業構造改革、雇用の多様化と人的資源管理システムの再編成

第4章 新たな経営課題への挑戦と人的資源管理システムの整備

第1章 労働環境転換期における人的資源管理

1 転換期の人的資源管理

　企業、自治体、そしてその他のさまざまな組織体における人に関する管理活動の思想、システムは、産業構造の変化、労働態様の変化、経営思想の変化、社会科学、労働科学、行動科学などの研究の進展に対応して、労務管理（labor management）、人事管理（personal management（administration））、人事労務管理（personal and labor management）と変遷し、現在は人的資源管理（human resource management）として体系化されている。

　人に対する管理活動が人的資源管理として体系化されるまでには、多くの産業における技術革新があり、産業構造の変化、労働科学や行動科学の研究、経営組織、経営者・管理者のあり方、変化に対応し得る人材（人的資源）に求められる能力、能力開発などに関して、多くの研究が蓄積され今日に至っている。

　過去から現在に至るまで、状況が停滞し続けている時代はなく、環境は常に変化し続けている。20世紀後半から21世紀にかけては、過去とは比較にならない早さの変化が続いており、今後も急速に変化し続けるであろうことは十分に予測できる。特に、1980年代以降顕著になったグローバリゼーションの進展はわが国の社会に多大な影響を与え続けており、それとともに技術革新の進展にともなう産業構造の変化、少子・高齢化の進行、人々の意識・価値観の多様化が続いている状況は、企業などの経営活動全般にわたって、そして人的資源管理活動に対してさまざまな影響を与えている。

　例えば、第二次大戦後のわが国の産業再建の原動力になった日本的経営システムは、従業員が長期にわたって安心して雇用される終身雇用制度、長期にわたって勤務し続けることによって昇進・昇給の恩恵が得られる年功制、労使一体となって経営活動に取り組む企業別組合を柱にする経営システムであり、これらのシステムは、わが国の歴史、風土、文化のうえに成り立っていたシステムであった。しかし、グローバリゼーションの進展により拡大した経済活動、技術革新にともなう産

業構造の変化、情報技術の進展とともに、従業員の意識・価値観も大きく変化し、企業などの労働の場は、学校を卒業して就職した後、定年まで勤務する考えの人とそのような意識が希薄な人とが協働する場へと変化しており、戦略展開に必要な人材を広く国内外の労働市場に求める人材採用活動が定着しつつある。

国内の大学、大学院などで学んだ多くの留学生も日本企業に就職する時代であり、構成員が日本人のみの組織から、民族、宗教、言語、文化の異なる人たちが日本人とともに労働する組織へと変化しており、伝統的な終身雇用、年功制といった雇用慣行や制度が現実の状況と対応しなくなってきている。

すでに労働市場は大きく変化し、働く側の意識・価値観も大きく変化しつつある。例えば、新卒者の採用にあたっての「定期採用」という従来型の採用形態が撤廃され、新卒者の採用に関する新たなルールが検討されるなど、長年続けられてきた慣行の見直しが進んでおり、企業は経営戦略に対応して必要とする人材を国内外の労働市場から通年採用する戦略を定着させつつある。しかし、企業が戦略展開に必要な人材をヘッドハンティングによって採用した場合などにおいては、大学などの卒業年次、年齢に関わりなく能力に基づいて処遇されるものの、転換期にあるわが国においては、かつての年功的な処遇の思想を残す経営風土、企業文化、人事制度が存続しているケースもあり、これらの企業の環境変化への積極的な対応が期待される。

環境の変化に対応することは容易ではないが、企業には、システムの構築、企業（組織）風土・企業文化の転換、組織構成員の意識転換、環境変化に対応できる人材の育成が求められていることを認識する必要がある。

2｜人的資源管理システムの点検

わが国の多くの企業、あるいは自治体などの組織における人的資源管理システムについては、今日の進展するグローバリゼーション、技術革新、産業構造の転換、人々の意識・価値観の多様化などの状況変化、さらには健康経営、幸福経営などの新たな経営管理思想とその取組みなどから、取り入れるべき手法はないか、冷静かつ多面的に点検してみる必要はないだろうか。

筆者らには、経営活動に関するマクロ、ミクロの実態調査に関わる機会があるが、現時点のわが国の多くの企業は、過去に構築したシステムを運用しているか、

図表1－1　人的資源管理機能の構造的側面

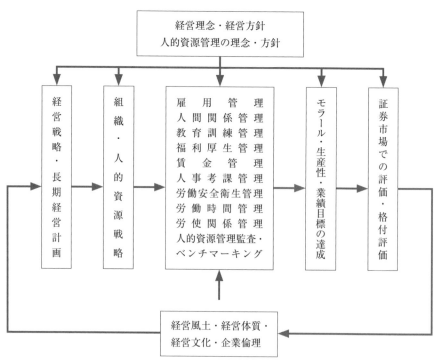

出所：梶原豊『人的資源管理論』同友館

あるいは経営活動上の問題が発生した時点で一部を手直ししたシステムによる経営活動を続けている（主として、1950年代以降に導入された施策と本書第Ⅰ部第2章、第3章に整理した状況に対応して導入された施策）。これらのシステムはすべてが時代の変化に対応していないものではないものの、現時点の経営環境、経営戦略、人的資源管理活動のトータルシステムと整合していないケースが少なくない。

周知のように、人的資源管理活動は、人材の採用・配置・退職の管理過程（雇用管理）から、能力開発（教育訓練管理）、賃金管理、評価（人事考課管理）、モチベーションに関わる人間関係管理、福利厚生管理、労働者の健康管理と密接に関わる労働安全衛生管理、働き方・労働生産性などと関わる労働時間管理などの管理活動から構成されている（図表1－1）。

これらの管理活動の一つひとつを客観的に点検し、わが社、わが事業体の人的資源管理活動は果たして経営環境などの動向、経営戦略、組織構成員の属性の多様

化、意識・価値観の多様化、労働態様の多様化などの動向に対応しているか否かを早急に点検し、状況に対応したシステムが整備されているか否かを明確にするとともに、対応が遅れている管理活動の見直し、システムの再設計に取り組むべきであろう。

人的資源管理システムとともに見直すべきは、「働き方改革」、「労働生産性向上」と関わる企業（組織）風土、企業文化である。しかし、システムを新しく構築しても、システムを運用する経営者、管理者が従前の意識であってはシステムを活かすことは至難であり、経営者、管理者に対する働きかけが極めて重要になる。

3│日本企業が蓄積した経営ノウ・ハウの活用

わが国の製品が世界の市場で高い評価を得るまでには、多くの努力の積み重ねがあった。しかし、21世紀の今日においても、わが国を代表する一部企業の品質管理過程などにおいて遵守すべきCSR（Corporate Social Responsibility：企業の社会的責任）に反する行為が発覚し、産業界全体に反省すべき事案が発生している。これら企業のCSRに反する行為は、企業の存続にも影響する深刻な企業行動であることを、すべての企業は再確認して経営に取り組むべきである。

そのためには、崇高な社是・社訓、経営理念に立ち返ることが有効だが、これらをただ職場内に掲示しておくだけでは、日々の事業活動に浸透、徹底させることは期待できない。その精神を日常の業務レベル（マネジメント・サイクルの過程）においていかに実践するかを考え、取り組むことが重要である。その意味から、かつて多くの日本企業が導入したQC（Quality Control）活動、ZD（Zero Defects）運動、その他の小集団活動を思い起こしてみる必要がある。

小集団活動とは、意思疎通と協調性を基盤にして、職場組織の単位を少人数の集団（4～5人）に編成したグループシステムによる活動であり、グループ単位で生産技術・管理レベルの改善・改革に連動する特定の目標や計画を立て、その達成のプロセスではグループの成員が創造力を発揮して活動する取組みである。働きがいを感じられる職場づくりのために、自主的管理を推進する活動として導入されたケースも少なくない。

この小集団活動は、導入した企業により、その形態や目的は一様ではなかったが、トヨタ自動車は導入したQC（Quality Control：品質管理）手法を製造現場の

トヨタ自動車・基本理念（1992年策定、1997年改正）

1. 内外の法およびその精神を遵守し、オープンでフェアな企業活動を通じて、国際社会から信頼される企業市民をめざす
2. 各国、各地域の文化・慣習を尊重し、地域に根ざした企業活動を通じて、経済・社会の発展に貢献する
3. クリーンで安全な商品の提供を使命とし、あらゆる企業活動を通じて、住みよい地球と豊かな社会づくりに取り組む
4. 様々な分野での最先端技術の研究と開発に努め、世界中のお客様のご要望にお応えする魅力あふれる商品・サービスを提供する
5. 労使相互信頼・責任を基本に、個人の創造力とチームワークの強みを最大限に高める企業風土をつくる
6. グローバルで革新的な経営により、社会との調和ある成長をめざす
7. 開かれた取引関係を基本に、互いに研究と創造に努め、長期安定的な成長と共存共栄を実現する

みならず、企画、製造、販売、顧客情報の収集・分析、企画のマネジメント・サイクルの各過程において取り組むTQC（Total Quality Control：全社的品質管理）活動として組織内に定着させ、同社が名実ともに自動車市場において圧倒的な強みを発揮し続ける原動力としている。

　同社は、グローバリゼーションの進展、社会環境の変化に対応して、1992年、新たに経営理念を策定し（1997年改正）、その理念—トヨタウエイ：志・経営理念の共有と伝承—を基盤として、トヨタ生産方式、日々改善の組織風土の醸成に努めている。同社の取組みは、すべての職場においてのQCサークル活動が基盤になるが、活動を展開するにあたっては、サークルのメンバー全員が基本理念を共有し、仕事を見直し、改善に取り組むために知恵を絞って仕事をすること、創意工夫をすることを求めている。ここに、同社のQCサークル活動の特徴があるが、同社では職場の改善を進めるにあたって、①何が問題かに気づく、②その原因は何かを考える、③解決法を考える・解決法を絞る、④具体策を実施する、⑤効果を確認する、という手順で問題解決に取り組むことを徹底させており、職場の全員でトヨタウエイ、トヨタ生産方式を共有し、改善の組織風土（会社が求める能力を知る、職業能力のベンチマークに取り組む）を理解した活動を行っている。

　同社のQCサークルによる改善活動は、国内外の多くの企業が参考としている

が、他の経営管理手法と同様、QCサークル活動などの小集団活動を導入しても、効果を得る努力をしないで活動を中止してしまう企業が少なくない。国内外の全事業所において朝礼・夕礼を実施し、創業以来の経営理念や経営方針などを全員で唱和して共有に努めているパナソニック、その他の企業の取組みから、崇高な経営理念、社是・社訓を掲げているだけでは、理念、精神が組織に定着しないことを、あらためて確認しておく必要がある。

　外国籍の従業員、外国人技能研修生などが日本人とともに仕事に従事する職場においては、外国人従業員、研修生の受入体制の点検、マニュアルの整備と同時に、「仕事を教える」過程を精査する必要がある。仕事を教える役割を担っている管理者・監督者クラスのリーダーが、仕事を教えることについての基本的な知識や手法を習得していない状況に直面することが多々ある。教育訓練・研修体制が整備されている企業などでは、時に過去のプログラムとみなされることもあるが、時間をかけずに学べるプログラムとして、TWI（Training Within Industry）がある。

　このプログラムは、第二次大戦中にアメリカで開発された監督者教育訓練プログラムであり、「JI（Job Instruction：仕事の教え方）」、「JM（Job Method：改善の仕方）」、「JR（Job Relations：人の扱い方）」、「JS（Job Safety：安全作業の仕方）」で構成される。JI（仕事の教え方）に関しては、相手が覚えていないのは自分が教えなかった結果だとして、「教え方の四段階」（第一段階―習う準備をさせる、第二段階―作業を説明する、第三段階―やらせてみる、第四段階―教えた後をみる）を簡潔に整理している。管理者・監督者には、このTWI・JI程度のプログラムだけでも習得させておけば、円滑な技能の継承が期待できるのではないかと思われる。なお、わが国において実施されているTWI・JSは、わが国においてTWI方式にのっとって開発されたプログラムである。

　すでに過去の手法、プログラムとして、見向きもしないということではなく、今日の時代背景、職場状況に合わせて積極的に研究工夫をし、活用できるものは活用する姿勢が求められる。

4｜人材育成・能力開発活動への取組み

　20世紀後半から21世紀にかけてのわが国の社会、企業の経営活動は大きく変化しているが、その変化に対応できていない人や組織が直面している課題は少なくない。

労働の場における人（人材）に関する状況を概観すると、グローバリゼーションの進展、技術革新に対応できていない人、変化しつつある状況に対する問題意識の乏しい人がおり、同様に企業などの経営組織においても、環境変化に対応したリストラクチャリング（restructuring：事業構造の見直し・再編成）の遅れ、CSRに反する企業行動（前述）、職場に発生する種々のハラスメント（work harassments）、スピード感のない意思決定、その他解決すべき経営上の課題が多々あることは周知の通りである。

　企業などにおける人材の採用、雇用管理に関してみると、主として大企業では従来と同様に定期採用で採用される従業員が多数を占めてはいるが、企業規模にかかわらず、戦略に対応して必要な人材を広く国内外の労働市場から採用する状況が拡大、定着しつつある（前述）。さらに、企業によっては、海外法人で雇用した人材が、ローテーションによって国内の事業所で日本人と協働する状況も特別なケースではなくなりつつある。諸外国からの留学生として日本国内の専門学校、大学、大学院などで学んだ卒業生が日本企業に就職し、日本人とともに労働に従事している状況も、格別珍しいケースではなくなっている。今やわが国の労働の場は、国籍、民族、宗教、言語の異なる人たちと日本人との共生、ダイバーシティ・マネジメント（diversity management）の実践の場へと変化しており、われわれの日々の生活の場である地域社会も同様である。

　価値観・意識の多様化に対応して、人々の働き方は、従来とは大きく変化しつつある。かつては、従業員が一定の時間、一斉に仕事に従事するという光景が一般的であったが、今やその光景は大きく変わりつつある。AIやIoTの進化によって近々消滅するであろうと予測されている仕事や職種もあり、すでに金融、流通、製造業では構造転換への取組みが進んでいる。すべての産業、職種において、労働に従事している人は、この急速に変化しつつある状況に対応しているか否かを問われる時代となっている。

　エンジニアや技術・技能職系の労働者は、急速に進展する技術革新に自身の職業能力・専門能力が対応しているか否かを常に点検する必要があり、従来から専門能力の水準・質が問題になるホワイトカラー労働者には、労働市場で評価され得る職業能力（例えば、ビジネス・キャリア検定制度[注1]の中・上級レベル）を習得・維持するための努力が求められている。そして、いずれの領域の労働者も、労働市場において評価の対象になるエンプロイアビリティ（employability：雇用され得る能

力）を備える努力を求められている時代であることを認識する必要がある。

　したがって、1945年以降、経済復興、高度経済成長を経て経済大国へと成長したわが国の産業を支えた人的資源管理（人事労務管理）活動、人材育成活動、能力開発活動が、グローバリゼーションの進展、進行する技術革新、産業構造の転換、少子・高齢化、価値観・意識の多様化による働き方の変化など、「今の状況」に対応できているか否か、組織と人がそれぞれの視点から点検してみる必要があるのではないだろうか。

　筆者らが体験するマクロ、ミクロのさまざまな調査において、人的資源管理活動を構成するすべての管理活動に関わるスタッフの意識などが、変化しつつある現状に対応できているのであろうかと危惧せざるを得ない状況に直面することがある。それは、経営管理システム、人的資源管理システムだけでなく、スタッフの問題意識・知識・情報・専門性の点検、スタッフ育成ルートの点検などのニーズが存在しているということでもある。

　人材育成活動、能力開発活動に焦点をあてて、「今の状況」に対応しているか否かを客観的に点検すると、例えば、従来構築した職位別（階層別）教育訓練・研修体系、職能別教育訓練・研修体系に用意されている教育訓練・研修プログラム（Off-JT：Off the Job Training）が状況、ニーズに対応していないケースが多々ある。現在の中年世代に対する自己啓発支援制度を含む能力開発システム、教育訓練・研修の体系やプログラムが、彼らが60歳前後になった段階で取り組まれているであろう事業構造の転換に対応した内容になっているか疑わしい企業も存在している。管理者・監督者の重要な役割の一つである後継者育成、部下育成の有力な手段であるOJT（On the Job Training）が変化した労働の場に対応して円滑に行われているか否かも点検すべきである。

　さらに、自社の人材育成への取組みは、人生100年時代に対応したライフ・シフト（life shift）の動きに対応しているだろうか。60歳定年制の時代に導入された生涯生活設計教育プログラム[注]2は、多くの企業、自治体などで独自に設計され普及しているが、65歳までの雇用延長の時代となり、しかも、人生100年時代、生涯現役社会の一員としての生き方を求められている今日の社会に対応した内容になっているだろうか。かつて構築したCDP（Career Development Program）は、時代の変化に対応しているだろうか。CDPの中に位置づけられるキャリア・カウンセリング（キャリア・コンサルティング）は機能しているだろうか。

新しい知識や技術を習得するために専門学校、大学、大学院、専門職大学院などに学ぶ希望のある人たちに対する、通学時間などへの配慮や援助の体制は整っているかも確認したい。従来構築した能力開発システム、人材育成活動を全面的に点検して、時代の変化、環境の変化に対応した新たな体制を早急に整備すべき段階にきている。

(注) 1　ビジネス・キャリア検定試験は、厚生労働省が定める職業能力評価基準に準拠して、職務を遂行するうえで必要となる知識の習得と実務能力の評価を行うことを目的とした試験制度であり、人事・人材開発・労務管理、経理・財務管理、営業・マーケティング、生産管理、企業法務・総務、ロジスティクス、経営情報システム、経営戦略の領域がある。能力評価水準は、1級、2級、3級、BASIC級がある。

　　なお、労働者の技能を検定する技能検定という制度もある。技能検定には、職種により職業能力開発協会が実施するものと民間の指定団体が実施するものとがある。

2　一般社団法人中高年齢者雇用福祉協会は、1979年以来、主として中高年齢者を対象に定年退職後、あるいは職業生活引退後に直面するであろう諸課題（life task, life events）に対応して、心身ともに健康な生活を送るための心構え、知識の習得、準備をするための教育研修プログラム「生涯生活設計教育研修プログラム」（PREP: Pre & Post Retirement and Life Planning Education Program）を企業、自治体、その他において実施している。同プログラムとともに、同プログラムに準拠して企業などにおいて開発された同様のプログラムが広く普及している。

【参考文献】

1) 梶原豊『実践小集団活動』マネジメント社、1982年
2) 『改訂 TWI 実務必携』社団法人雇用問題研究会、1967年
3) 産業訓練白書編集委員『産業訓練百年史—日本の経済の成長と産業訓練—』日本産業訓練協会、1971年
4) 小山田英一・服部治・梶原豊『経営人材形成史—1945〜1995年の展開分析—』中央経済社、1997年

第2章 ポストバブル期の人的資源管理
——日本的経営システムの調整

1 グローバル経営への展開と人的資源管理

1−1　進展するグローバリゼーション・環境変化と企業の対応

(1) 急速に変化し続ける経営環境

　経営資源とはヒト（man）、モノ（material）、カネ（money）であるとされていた時代から、現代ではこれらに情報、個々の企業に蓄積されたノウ・ハウ、企業文化をも経営資源としてとらえる時代となっている。もちろん、かつての時代の経営資源が現在の経営活動においても重要であることに変わりはないが、それぞれの質は時代とともに変化し続けている。

　例えば、"ヒト"はどうであろうか。過去においても現代においても、ヒトは重要な経営資源であることに変わりはないが、ヒトは時代とともに教育、環境によって保有する能力が変化し続けており、意識・価値観は変化し、労働市場から求められる能力が変化し続けている資源である。

　わが国には、少子高齢化の進展、進学率の向上、意識・価値観の多様化などにともない、経営資源としてのヒトの持ち味が、従前とは随分と異なってきている。経営資源としてのヒトに対しては、1980年代以降に顕著となったグローバリゼーションの進展、技術革新・情報化の進展といった現代社会の潮流がさまざまな影響を与えている。

　企業などの経営活動は、ヒトが戦略を考え、実行する。21世紀の今日のように変化し続ける経営環境の中、企業が存続するためには、いかなる人的資源管理システムを構築することが、組織にとって、また経営資源であるヒトにとって理想的なのかを多面的に考える必要がある。ここでは、第二次大戦後の経済復興、高度経済成長を成し遂げたわが国の成功体験が、21世紀の今日においても通用するノウ・ハウであるか否かを点検し、過去の体験をレビューしつつ将来を展望することが大事な姿勢になると思われる。

　本書第Ⅰ部第2章と第3章では、主にバブル経済の崩壊から2010年頃までに日本

企業が取り組んだ活動を整理し、これらの活動を踏まえて、第4章に現時点の日本企業が取り組むべき重要な人的資源管理上の課題に対する考えを述べていく。

(2) グローバリゼーションの進展と経営環境の変化

現代社会において、経営活動に影響を与えている要因は何か。まずは、経営資源が国境を越えて移動するグローバリゼーションの進展がある。

グローバリゼーションの進展は、国際政治経済や各国の経済活動に種々の変化をもたらしている。これに加えて、技術革新・情報化の進展がある。これらは、社会生活全体にさまざまな影響をもたらしており、産業構造、事業構造、労働市場、職業能力にも多大な影響を与えている。特に、労働市場に多様な影響を与える要因となっている。

少子高齢化の進展するわが国の社会では、近い将来、労働力人口の減少が予測されており、ここでは量としての労働力が課題となってはいるが、一方において、産業構造、事業構造の転換に対応する労働力の質的側面（employability）に課題が生じる要因が存在することを考慮しておく必要がある。

例えば、グローバリゼーションに対応するために、経営資源の集中、立地の見直しに取り組む企業がある。具体的には、中国などの生産拠点を廃止してその他の国に移す、あるいは国内に回帰するといった事業拠点の再配置が行われるケースである。国内に回帰した生産拠点が、研究開発要員以外は少数の技術者・技能者のみで生産活動を行う自動化・無人化工場となるケースがある。

さらに、1990年代以降には、ある事業部門を売却して新たな事業を合併・買収（M&A：Merger & Acquisition）するケースが一般化し、これらの戦略に対応して、労働市場が要求する職業能力は急速に変化してきた。

一方において、高学歴化、情報化が意識・価値観の変化を促し、働き方や雇用体制にも種々の影響を与えてきた。そして、1980年代、1990年代には、一部の地域、企業、労働の場で働く人たちの多国籍化が進み、国際化・グローバル化した企業や労働の場における従業員間の異文化対応能力、コミュニケーション能力に関する課題が表面化するケースがあった。

1-2　グローバリゼーションに対応する日本企業の戦略

(1) 市場・生産拠点の見直し・事業構造再編への取組み

　1995年から2000年代初期にかけてのわが国の産業には、経営環境に対応するためのリストラクチャリング（restructuring：事業構造再編成）、アウトソーシング（outsourcing：事業活動または一部事業の専門組織への委託・外注化）、経営理念再定義、企業統合・合併、人材プロフェッショナル化への取組みなど、従来の日本企業の経営基盤をゆるがすさまざまなケースがみられた。

　例えば、1989年にアメリカの不動産会社ロックフェラー・グループを買収した三菱地所が1995年にはアメリカ企業に所有権を譲渡したケース、1998年のヤオハン香港が清算したケース、同年、自動車メーカーいすゞがアメリカGMと包括的提携関係で合意したケースなど、海外戦略の見直しや新たな取組みがあった。

　わが国企業の直接投資を目的にした海外進出は、資源確保、市場の防衛、労働力の確保などを求めて行われてきたが、1980年代以降は、広い国土、市場、豊富な労働力の存在する中国へ進出するケースが増加している。コストの低い労働力を求めて海外進出し、進出国での賃金上昇から撤退せざるを得なくなったケースがある一方、産業の現地化を強力に推進するASEANの国々においては、技術移転、現地化に対する種々の課題が表面化した。

　これらは、すべての日系企業が直面していた課題ではなかったが、日本側関係者と現地関係者との認識に差異があり、筆者らは現地化に関する状況を整理して、日系企業に提示した経緯がある（図表2-1）。当時の多くの日本企業は、海外直接投資での貴重な体験を踏まえて、国内事業、生産拠点の役割やあり方を点検し、現地法人スタッフとの意思疎通、コミュニケーション上の障害に対処するとともに、グローバル化戦略を展開するために必要な人材をいかに育成するかを総合的に考え、早急に取り組むべきニーズに直面していた。

(2) 経営活動を構成する人材のグローバル化

　1969年、日本電気の創立70周年式典において、当時の小林広治社長は「これからの当社の歴史をつくりあげていくとき、国際化、大型化をわれわれの共通目標として掲げたい。会社の規模を大型化し、さらに国際化の色彩を濃くすることによって、世界企業として資本力、技術力、経営力を貯え、これから外国企業との競争に

第Ⅰ部 労働環境転換期における人的資源管理と新たな課題

図表2−1 Technological & Managerial Progress for Survival

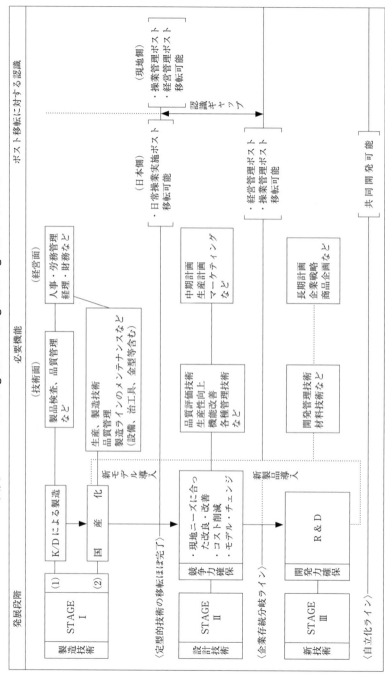

出所:「アセアン進出日系企業における技術移転―その問題点解明と改善のための提言―」(技術移転問題研究委員会報告書) 社団法人日本在外企業協会

挑戦し、当社をますます発展させたい」と同社の戦略展開の方向を述べていた。

　同社が戦略展開の方向を明らかにした1970年前後のわが国は、「情報化時代の国民生活」（国民生活審議会）が発表され、経済白書では「日本経済の新しい次元」（1970年）、「内外均衡達成への道」（1971年）が述べられ、わが国の総人口が1億人を超える成長期に位置していた。国際化・グローバル化、情報化、高齢化を認識した施策が講じられ、資本自由化、技術革新などを念頭において、能力主義管理導入の必要性が提示された。ただ、その重要性、必要性は多くの支持を得たものの、必ずしも人事管理施策として定着することなく時間が経過した感がある。わが国の企業はこのような状況下で活動していたが、経営環境要因としての国際化・グローバル化は急速に進展しつつあり、多くの産業、企業が、アジア、アメリカ、ヨーロッパ諸国に進出し、さまざまな問題に直面していた。

　例えば、海外進出の年月を重ねた企業では、当初は現地法人が採用した人材を技術研修、管理者研修・育成を目的に日本国内へ集めたり、関連業務の担当に就かせるなどの施策を導入するケースがみられたが、その後、現地で採用した人材を日本国内に異動させるケース、国内の大学、大学院に留学している学生を採用するケース、戦略展開上に必要な人材を海外の労働市場に求めるケースが出てくるなど、人材のグローバル化が進みつつあった。

　しかし、20世紀末前後の時点までに各国に進出した企業には、本社と現地関係者、本社が派遣するスタッフと現地従業員とのコミュニケーション上の障害が生じるケースがあり、ASEAN諸国に進出した日本企業の現地側に対する技術移転に関しては、依然として「言語に起因するコミュニケーション不足」、「テキスト・マニュアル類の不備」などが障害となっており、これらの課題の解決は、グローバル化に対応する人材の育成とともに重要な経営課題の一つであった。

1-3　グローバリゼーションの進展と人事労務管理

(1) 見直し・再編成を求められる日本的経営システム・風土・慣行

　日本企業に特徴的な経営行動、制度、施策などを日本的経営と称し、そこでは終身雇用制、年功制、企業別労働組合、意思決定システムとしての稟議制度が特徴としてあげられている。さらに、日本的な福利厚生制度などもあるが、これらに関してはすでに多くの研究があるので、ここでは経営環境の変化にともなって、20世紀末時点前後までに変化しつつあった状況を概観しておこう。

図表2-2　グループ別にみた処遇の主な内容

	雇用形態	対象	賃金	賞与	退職金・年金	昇進・昇格	福祉施策
長期蓄積能力活用型グループ	規定の定めのない雇用契約	管理職・総合職・技能部門の基幹職	月給制か年俸制職能給昇給制度	定率＋業績スライド	ポイント制	役職昇進職能資格昇格	生産総合施策
高度専門能力活用型グループ	有期雇用契約	専門部門（企画、営業、研究開発等）	年俸制業績給昇給なし	成果配分	なし	業績評価	生活援護施策
雇用柔軟型グループ	有期雇用契約	一般職技能部門販売部門	時間給制職務給昇給なし	定率	なし	上位職務への転換	生活援護施策

出所：「新時代の『日本的経営』―挑戦すべき方向とその具体策―」日本経営者団体連盟

　1980年代、1990年代以降の急速なグローバリゼーションの進展は、さまざまな人事施策導入の要因になっていた。例えば、1990年代を通じて取り組まれた多角化戦略の見直しにともなう本業回帰、アウトソーシングの拡大、希望退職・早期選択定年制、年功序列人事の見直し、人材のプロフェッショナル化、事業再編とM&Aに関連した人事施策、総額人件費管理など、伝統的な日本的慣行や制度の変革に迫る施策が次々と導入された。

　グローバル化した市場で生き残り、産業構造転換を図るための事業再編やM&Aなどの展開は、有能な人材を広く労働市場に求める人材採用への取組みが広がる要因となり、これが多くの企業に従来型の定期採用と期中採用（中途採用）を併用する人材採用管理を行う契機となった。また、希望退職・早期選択定年制は労働市場流動化の要因となり、労働者の側も定年まで一社に勤務するという意識を変化させつつあったことなどから、終身雇用制が変質する要因が形成された。さらに、全従業員を流動化させるのではなく、長期雇用労働者と流動化する雇用労働者との組み合わせをこれからの雇用形態として想定する考えが提示され（図表2-2）、第二次大戦後の経済復興、高度成長、日本経済発展の原動力であった日本的経営システムを見直す要因となった。

(2) 人事労務管理システム再編成のニーズ

　経営環境として認識すべき領域には、政治経済的・法的側面、技術的側面、人的資源の質的側面などがあり、さらに個々の企業が属する産業や事業に与える環境要

因もある。これらの多様な環境動向に、自社の人事労務管理諸制度、諸施策が整合しているか否かを分析することによって、自社に人事労務管理上の問題が発生しているか否かを把握することが可能であり、問題の発生を予防する対策を立てるための領域を把握することが可能になる。

すでに述べたように、20世紀末時点前後までのわが国の企業は、国際化・グローバル化の進展に対応して、市場の確保と安い労働力を求めて海外進出し、進出した国々の成長発展、産業構造の変化などにともなう課題に直面して、戦略の見直しに取り組むことになった。これらの取組みは、全社的なリストラクチャリングに取り組むニーズが生じる要因となっていたが、さらにわが国の産業には、少子高齢化、高学歴化、意識・価値観の多様化といった人的資源の質的・量的変化への対応を考えるべきニーズがあった。これら人的側面は、21世紀の今日においても極めて重要な経営課題であり、人事労務管理上の課題であるとともに、個々の労働者にとっては、自身の職業能力、キャリアが環境の変化に対応しているか、能力開発ニーズは何かなどを考えることが重要な課題になっている。

多くの産業、企業は、環境変化に対応して、従来の慣行にとらわれない新たな制度設計、取組みを始めつつあった。例えば、グローバルビジネスの体験者をヘッドハンティングし、IT関連の人材をアメリカ、ドイツ、インドなどに求める動きなどは、新卒者を一括採用する定期採用形態の変化を促す要因となった。こうして、採用、評価、昇進などの処遇管理、昇給、賞与、退職金などの賃金管理、職場管理（従業員の多国籍化）、社内Off-JTプログラムの見直しなど、従来の人事労務管理システム全体の再編成ニーズが明確になりつつあった。

1-4　人事労務管理から人的資源管理へ

(1) 人事労務管理活動から人的資源管理活動への転換

人事労務管理活動は、周知のように19世紀までに工業化、工場生産体制を確立したイギリス、フランスなどにおける「専制的人事・労務」の時代、労働条件の改善などへの取組みに関心が高まった「温情的人事・労務」の時代、労働科学への関心が高まり、従業員関係の改善が広がった「近代的人事・労務管理」の時代を経て整備体系化されてきた。そして、労働力である人材に関しては、1960年代に人材をマンパワー（人的能力）とする考えが広がり、経済発展の原動力となる人材を人的資源（human resource）ととらえる考えが定着するとともに、アメリカが制定した

図表2−3　人事・労使関係とHRM（人的資源管理）の違い

次　元	人事（管理）・労使関係	HRM
(信条と任務)		
1. 契約	書面による契約の周到な確認	契約を越える方向へ
2. 規則	明確な規則・規約を残すことが重要	予測が可能（規則に反発）
3. 経営行為へのガイド	手続き	経営の要請
4. 行動の基礎	規範・慣行とプラクティス	価値・使命
5. 管理業務対労働	モニタリング	育成
6. 関係の性格	複合的	単一的
7. 葛藤	制度化される	強調せず
(戦略的側面)		
8. 鍵となる関係	労働―管理	顧客
9. イニシャティブ	断片的	統合的
10. 企業計画	周辺	中心
11. 決定のスピード	遅い	速い
(ライン・マネジメント)		
12. マネジメントの役割	取引的	変革的リーダーシップ
13. 鍵となるマネジャー	人事・労使関係のスペシャリスト	ゼネラル、ビジネス、ラインのマネジャー
14. コミュニケーション	間接的	直接的
15. 標準化	高い	低い
16. 賞賛されるマネジメント・スキル	交渉	促進
(鍵となる挺子)		
17. 選抜	分離、周辺の業務	統合化、鍵となる業務
18. ペイ	職務評価（固定したグレード）	パフォーマンスと関連
19. 条件	個別に交渉	調和化
20. 労働―経営	交渉契約	個人契約の方向
21. スチュアードとの関係の推進力	条件と訓練によって規制	周辺化（変化のモデルのための交渉を除外）
22. 職務のカテゴリーとグレード	多い	少ない
23. 職務設計	分業	チームワーク
24. 葛藤の処理	一時的な休止に達する	経営風土と文化
25. 訓練と開発	コースへの接近を統制	学習する企業
26. 調停への注目	人事の手続き	幅広い文化的、構造的、人事的戦略

出所：岩内亮一・梶原豊編著『現代の人的資源管理』学文社
　　　Storey.John, *Development in the Management of Human Resources*, Blackwell.

公民権法（1964年）において、個別企業の人的資源管理は政府の責任において進められるものとして考えられるようになり、人事労務管理活動は人的資源管理活動として、より広い意味をもつようになっていった。

　アメリカにおけるマイノリティに対するアファーマティブ・アクション（affirmative action：社会的弱者に対する差別撤廃）、年齢差別禁止法（ADEA：Age Discrimination in Employment Act of 1967）などは企業が遵守すべき事項ではあるが、これらはトップ・マネジメントの責任事項でもあり、企業の利害関係者（stakeholders）へ

の対応、労働者への対応などで経営の質が評価される時代へと推移していた。

わが国の経営活動においても利害関係者への対応は重要な課題であり、雇用形態の多様化、労働市場の流動化と労働移動が、属人的要素をベースにした賃金体系見直しの要因となっている。また、能力評価制度の見直し、21世紀になってから社会問題化してきた介護離職への対応などを含め、従来構築してきた人事労務管理制度全体を見直すニーズに直面している。このように、わが国においても、経営の場における人の管理は、欧米諸国と同様、人的資源管理として再編成する状況になっている（図表2－3）。

(2) 戦略への対応と期待される人的資源管理活動の展開

従来の人事労務管理活動において、人材の採用や育成に関しては、要員計画や採用計画の策定、研修プログラムの設計などの取組みが行われていたが、これらの管理活動が経営戦略と対応していたかというと、必ずしも十分ではなかったといえる。

例えば、採用計画の策定においては、まず社内各部署の状況を整理して必要な要員を算出するが、その際、事業計画などを踏まえて必要な要員を算出し、新卒者の採用計画（学歴別）を策定する段階にとどまっていたケースが少なくなかったと思われる。しかし、グローバル化、多角化、新規事業への進出などを進めようとすれば、それぞれの戦略に対応できる人材を広く労働市場に求める必要があり（前述）、かつての時代のように属人的要素をベースに長期間にわたって人材を育成するだけでは、必要な人材が確保できなくなってきている（並行して、長期にわたる人材育成活動は行われなければならないが）。

産業発展の歴史、社会風土などによって、個々の企業の人的資源管理活動のあり方には差異が生じるであろうが、CSRを徹底し、労働法規を遵守したうえで、ダイバーシティ、グローバル化、高齢化（高齢者雇用など）といった、労働者の多様化にも対応した活動が期待される。これらの取組みの重要性は、21世紀の今日において、ますます増していると思われる。

2 日本的経営システムの調整をめぐる動向

1990年代前半の経済・経営動向をめぐる厳しい情勢の中、企業は1995年時点において、人材の育成確保、生産性の向上、競争力の強化、組織の活性化などの経営課

題に直面していた。こうした経営課題に対応していく戦略として要請されたのが、リストラクチャリング（事業再編、事業の再構築）であった。いかにして、事業の改革を推進していくのか。リストラクチャリングの推進は、次第に広がりをみせてきた経営グローバル化の進展とともに、主要な潮流となって浮上してきた。その潮流を背景にして、業界再編成への模索や企業レベルでの現状改革が具体化した。

それぞれの企業が取り組むリストラクチャリングの動きが、日本的経営システムの見直し、再設計に向けた経営姿勢の確立を促した時期といえよう。

2-1　1990年代後半の日本的雇用慣行からの変容

1990年代の長期にわたる経済低迷は、予想を超えて21世紀初期にまで波及していく情勢となった。いわゆる"失われた10年"の現象に直面したのであった。この間、日本的経営システムは、どのように推移し展開したのだろうか。

1990年代前半のバブル経済の崩壊による厳しい情勢は、経営活動に深刻な影響を及ぼした。日本的経営の軸となってきた「年功序列賃金」、「終身雇用」、「企業内労使関係」は次第に変化し、情勢の変動の中で、人事制度は能力主義志向をゆるやかに強めていった。1990年代後半における雇用形態面、処遇面、人材の育成・確保面の動きを調査結果からみてみよう（図表2-4）。

雇用形態面では、1990年代後半の動向では、長期継続的雇用は過半数の約54％を占めているのが注目される。「どちらかといえば長期継続的雇用」の比率を加えると、90％を上回る圧倒的な傾向である。経済情勢の長い低迷期にもかかわらず、雇用における企業対応の基本方針は大きくぶれることなく、長期継続的雇用に重点をおいている。リストラクチャリングにともなう雇用調整政策、人員削減措置が行われている状況下で、従来型雇用方針への安定した支持がある。他方で、雇用方針の変更、転換を準備する意向も示されている。

今後5年間に重要性が高まる方針として、現在（1990年代後半）の雇用方針の大幅な修正を進める意向が推測される。それは、近い将来における雇用方針は、長期継続的雇用からの転換であり、新しい方針の設定を示唆している。長期継続的雇用のデメリットを早期に解消させようとする姿勢は、長期継続性を前提としない雇用への切り替えの方向を明らかにしている。21世紀初期の時点から、「必要なときに、必要な人を確保する」という方針が主流となってくることを予想させるものであった。その方針からは、いわゆる正規社員・非正規社員の比率において、前者の抑制

第2章　ポストバブル期の人的資源管理——日本的経営システムの調整

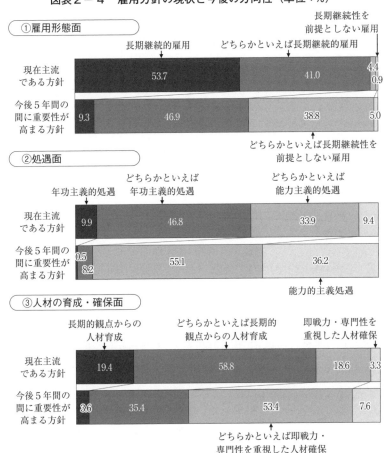

出所：経済企画庁「日本的経営システムの再考」（1998年企業行動に関するアンケート調査報告書）

と後者の増加が、次第に顕著なものとなっていく。それにともない、組織への帰属意識、仕事への協働感なども影響を受けることは避けられず、高齢化問題とともに、企業としての新しい対応課題が浮上してくる。

　処遇面ではどうだろうか。年功主義的なもの、能力主義的なものの比率をみてみよう。現状（1990年代後半）では、年功主義的処遇およびそれに準ずる処遇の比率が、能力主義的処遇およびそれに準ずる処遇をやや上回っている傾向である。依然として、年功要素の比重基盤の広がりの大きさがうかがわれる。そうした現状もや

がて、能力主義的要素の比重を増大させる方向となり、いよいよ本格的な能力主義体系の確立が具体化してくる。では、そこで、日本的雇用慣行とどのような調整をみせただろうか。現実は、主流的に能力主義的処遇が進められ、その内容体系は各企業の人的資源政策により、さまざまな形となって広がっていった。能力（各企業のコンピテンシー）の概念が、人的資源管理に関わる制度設計と運用に反映されていったのである。

人材育成・確保の面では、現在（1990年代後半）の時点で、長期的観点からの人材育成とそれへの肯定的賛意を合わせた比率は約80％という高率である。人材育成に対する企業サイドの強い意思を読み取ることができる。さらに、今後5年間に向けての取組み意向は長期人材育成を明確にしており、「即戦力・専門性を重視した人材確保」の意向も一定の比重をもっていることが判明した。経営活動において、人材確保を重視する姿勢を裏づけている。

2−2　長期継続的雇用の比重低下と能力処遇の前進

調査結果に表れた現状と今後の方向性から大きな流れとして把握すべき点は、以下の3点である。

①雇用面での長期継続的雇用の比重の低下とともに、むしろ長期継続性を前提としない雇用形態となったこと。この動きは、21世紀初期の雇用形態にも影響を拡大していく。

②処遇面における今後の方向において、能力主義的処遇が大きく前進することが推察されること。能力の発揮度、遂行の成果度が、賃金制度や個別の賃金決定に比重を増していく。

③「即戦力・専門性を重視した人材確保」は、21世紀に入って明確な重点方向として打ち出された。そこには、グローバル化の進展という環境下、国内外からの人材確保・活用に向けた積極的な企業態度があると考えなければならない。かつて継続されてきた新規学卒予定者の採用形態を基調としながらも、すでに時代の流れは、国内外にわたる人材の確保を目指す情勢となっている。

1990年後半のこうした動向は、21世紀に激しく展開するグローバル時代を先取りした形で、雇用・処遇・人材の分野で進められてきたことをあらためて認識しておくべきであろう。

着実に経営のグローバル化が進展していく中で、日本の雇用慣行も変容しつつあ

ることに着目しておきたい。こうした動きの中で、雇用形態面における正規・非正規社員をめぐる処遇問題、処遇面における能力成果重視と賃金との問題、人材育成・確保面におけるキャリア開発や国内外からの人材確保と活用の問題などが緊急課題としてクローズアップされていく。

1990年代における企業人事の体制整備は、着実に比重を加えてきた能力重視の方向に沿って進行してきた。それまでの制度や規定の見直し、改正が進められた時期であった。その一つが、管理者をめぐる問題である。管理職の活性化についての検討と新制度の運用をどう進めるか。厳しい経営環境における経営・組織目標の達成は、それぞれの管理者の能力・適性にかかっているとの認識があった。そうした認識のもとに、管理者の育成に積極的に取り組み、新しい制度を設定した事例として、栗田工業の能力適性人事制度が注目された。

2-3　事例研究：栗田工業能力適性人事制度の設計・運用

同社では、能力主義へ向けた社内人事体制整備の観点から、それぞれの個性と能力に適したコースによる管理を進めるための仕組みを設計した。その目指すところは、以下の通りである。

①社員個々人の能力と適性に応じた配置を進め、その能力の有効なる活用を図る（適性適所の人事）。
②社員個々人の能力の育成と適性の開発を計画的・意図的に促進する（育成・開発の人事）。
③社員個々人の能力と適性に応じた処遇を実現する（適性処遇の人事）。

同社では、能力人事を実現する方向で役職制度をくみ上げるためのポイントとして2点をあげている。第一点は、専門能力と管理能力の区別を明確にし、その有機的関係づけを行うこと、第二点は、専門家能力認定基準を明確にして、専門家（スペシャリスト）の育成と活用の方策を考えることである。

経営環境の変化に即した人材を育成するために、新しい役職制度の設定に取り組み、実施を進めていった。具体的な施策を実施するにあたっては、次の四つの課題の検討と打開が急がれた。

・専門能力の開発・育成のためのマニュアルの整備とOJTの強化
・職務経験を積み、能力を伸長させるためのローテーションの積極的な推進
・認定者にふさわしい役割が果たせるような権限と責任の明確化

・認定者を活用できる管理者の配置の促進

　年功主義から能力主義への転換を意図した同社の役職制度の改定は、管理者を「能力」と「適性」を直結させた新しい人材像として構造化したものといえよう。

2-4　企業活力を支えた三つの源泉と長期雇用慣行の動き

　1990年代の長期にわたる経済低迷は、経営活動の停滞と企業活力の弱体化を招くとともに、激しい企業間競争を促す結果となった。いかにして企業活力を強化するかが課題となったのである。

　低迷の1990年代と活況の1980年代は、対照的にとらえることができる。海外から注目を浴びた1980年代の日本の企業活力の源泉となったのは、「競争性」、「情報の共有」、「雇用の安定」であったが、この三つの活力源泉は、1990年代の経営展開において、継続して機能を発揮する機会がなかった。それは、バブル経済崩壊の深刻さを示すものであった。

　それでは、日本的経営システムとしての長期雇用慣行の動きはどうだっただろうか。社会経済生産性本部の調査（1994年）では、企業が終身雇用制度にメリットがあると回答する主要な理由として、次の点が示されている。

・従業員の計画的養成と確保
・雇用の安定による従業員のモラール向上への期待
・従業員の会社に対する帰属意識、忠誠心の高まり
・労使関係の安定化
・配転などによる従業員能力の活用

　経営環境をめぐる激しい動向変化と1990年代の経営低迷は、日本的経営システムの運用に大きな影響を与えた。長期継続的雇用が見直されつつある流れに反し、こうした理由から長期雇用慣行を支持する動きも出ていたのである。

　この長期継続的雇用に関連して、かつて日本的経営の特徴として、「終身の関係、年功序列制、企業内組合」を指摘（1958年）したジェームス.C.アベグレンは、日本、アメリカ、EUの勤続年数を比較（1992年、2004年）し、『新・日本の経営』において、日本企業の雇用長期化を明示しているのは興味深い。

2-5　雇用調整実施と企業内労使関係の維持

　1990年代の厳しい経営情勢の展開は労使関係分野にまで影響を及ぼしていった

が、当事者としての企業内労使は、長期雇用制度との関係の中、どう対処していったのだろうか。雇用調整・人員削減は、労使間の協議を経て、次の六つの段階にもとづき実施された。

・第一段階：残業規制
・第二段階：中途採用の削減または停止
・第三段階：配置転換・出向・派遣・転籍
・第四段階：パートタイマー、臨時・季節労働者の再契約停止または解雇、新規学卒者の採用削減または停止
・第五段階：役員報酬・管理職の給与カット
・第六段階：希望退職者募集、退職勧奨、指名解雇

　やはり、雇用調整・人員削減の問題に対する労使間の取組みと解決には、当事者労使の日常活動における関係維持が重要となってくる。では、日本の企業内労使は、どのような取組みを通じて関係を維持しているのだろうか。日本生産性本部・生産性労働情報センターの実態調査「賃金構成比の推移」（2013年）から、方法の主なものとして、「職場ごとに職場委員を設置」、「労使協議制度を通じて関与」、「苦情処理制度を通じて関与」などが浮かび上がってくる。企業内の労使問題は、企業内労使により協議・解決を目指すという双方の姿勢が目立って変容しておらず、労使関係における日本的システム経営の特徴が継続していると推察される。

　1990年代に入ってからの雇用調整実施の流れは、1993年に目立った様相を示している。雇用調整・人員解雇の厳しい事態を乗り越えて企業再建を目指す動きも、この時期、注目された。やがて、台頭してきた潮流（グローバル化の進展、リストラクチャリングの推進）が、1990年代後半から21世紀に向けて大きな波濤となって、日本企業の経営活動に影響を及ぼすことになる。それが、日本的経営システムの展開にどう波及していくのか、着目すべき場面となる。

2−6　日本的経営システムの多様な適応

　日本企業においては、1990年代後半におけるグローバル化の進展に呼応して、企業規模を超えた経営活動が展開された。同時に、リストラクチャリングによる企業改革は、緊要度を高めていった。

　その実態は、さまざまな動きとなったが、多くの関心は国内市場から海外市場へと向けられた。海外進出、海外日系企業の活動、現地活動による経営業績などが、

図表2−5　日本的経営システムの変容移行と展開推移

	年功賃金制	終身雇用制	企業内労使関係
1960年代〜1970年代	・年功賃金制（年齢給要素・勤続給要素）の重点体系の適用 ・先進企業における能力重視による賃金制度への取組み	・長期継続的雇用の定着 ・若年従業員の転職と短期就業の広がり（経済成長期の労働市場の現象）	・企業内労使関係の形成へ向けた環境の整備 ・労使協議制の普及と定期的な運営
1980年代〜1990年代	・年功賃金制（年齢給要素）の修正による能力要素を加えた体系への移行・運用 ・年功要素と能力要素における比重の調整と職能給＋生活給（一種の属人給）の体系化 ・能力要素を重点にした職能給賃金制度の導入と運用（職能資格制度、職能給賃金制度の確立と普及）	・終身雇用制度の変化移行と短期的雇用形態の増加 ・若年従業員の転職傾向の進行 ・専門能力への市場ニーズの高まりによるキャリア転職の動き （個人の能力発揮志向と企業の業績重視市場の連結）	・労使協議事項の合意による企業内労使関係の有効性・信頼性の確認 ・企業内労使関係の維持・継続に向けた共有意識の広がり ・リストラクチャリング（事業再構築）政策と雇用調整をめぐる企業内労使の対応
2000年代〜2010年代	・職能給賃金制度の定着 ・職能給賃金の主流傾向と職務給・成果給部分の設定	・雇用・就業形態の多様化の進行 ・雇用継続形態における長期的、中期的、短期的への分化傾向	・グローバル化の進展をめぐる労使による意見交流 ・正規従業員と非正規従業員の労働条件をめぐる問題対応

出所：筆者作成

新しい問題となって浮上してきた。ますます、経営競争力が問われる状況となっていく。

　こうした動きの中で、1990年代後半は、日本的経営システムが継続・修正・変容の多様な側面を形成しながら、21世紀に進んでいく様相をみせた（図表2−5）。1960年代から70年代、80年代、90年代を経過し、21世紀を迎えて、今日のグローバル経営時代となった。こうした時代の大きなうねりの中で、日本的経営システムは、変容するところ、継続するところを織り込みながら、時代ニーズに呼応してきたといえよう。大きな潮流としてとらえれば、「年功賃金制→能力賃金制」、「終身雇用制→多様型雇用制」、「企業内労使関係→企業内労使関係（継続）」という形態推移になる。1990年代後半の動向は、激動するグローバル経営時代への準備体制づくり、適応模索の時期とみることができる。

3 | 人材開発活動とプロフェッショナル化への取組み

3−1　1990年代の経営環境の変化と新人材時代の到来

(1) 急速に変化し続ける経営環境

　1985年からの大幅円高、その後のバブル経済、そして1991年のバブル経済崩壊と、矢継ぎ早に人材マネジメントの根幹をゆるがす出来事が起こった。各企業が1990年代を見据え、1980年代末ごろから次世代の人事・処遇制度の検討に取りかかっていた矢先に、バブルが崩壊して混乱期を迎えてしまったのである。

　後述するように、もともと日本企業、そして日本的人材マネジメントを取り巻く環境は、中・長期的にも変化しており、以前からパラダイム（価値体系、判断の枠組み）の転換が叫ばれていた。そこで、1992年以降、バブル崩壊を契機として、各企業で新たな観点からの人事・処遇システムの改定、導入に取り組む動きが活発化した。具体的には、能力主義の再編と仕事基準（職務主義）へのシフト、成果・業績基準の人事・賃金制度（いわゆる成果主義）の導入である。

(2) 経営を取り巻く環境、諸条件の変化

　日本企業の経営と人材マネジメントをめぐる諸環境、諸条件は、1990年代以前から今日まで、中・長期的に変化してきている。例えば、①国際的にみた日本企業の相対的高賃金化と経済的には豊かな社会の実現、②日本経済の成熟化と低成長化、③企業経営のグローバル化、④社会全体の少子高齢化と若年労働力の絶対的減少傾向、企業内従業員構成の高齢化、⑤ICT（情報通信技術）の発達による高度情報化社会の到来、⑥働き方だけでなく社会システムの変革をもたらすAI（人工知能）の進化、⑦働く側の価値観の変化と多様な働き方に対するニーズの強まりなど、あげればきりがない。

　なかでも、経営のグローバル化は国内外の競争激化を招来し、ICTの発達とAIの進化は働き方と業務遂行手段・方法の飛躍的な変化、高度化をもたらす。生産技術に限らず、販売や経営管理技法などを含む経営諸機能も、高度化・複雑化している。今日、環境変化は加速度的であり、企業経営の変革に対する要請は一層強まり、以前にも増して、変革にはスピードと創造性が要求されるようになった。

　企業は常に、事業の再編・再構築、新規事業の創出、新ビジネスモデルの創造、

技術革新、新技術の開発、新商品・新サービスの開発などに迫られている。実は、企業経営がこうした状況におかれるのはバブル崩壊以降に限らず、それ以前も同様であったし、21世紀に入ってこの状況にさらにドライブがかかっている。

(3) 新人材時代の到来

　企業経営変革の要請に応えられるのは、いつの時代でもそれぞれの分野・領域で高度な専門能力をもった人材である。強靱な意志と個性、他に抜きん出た能力特性を有する専門家が求められるのである。知的生産性の高い専門職業人へのニーズである。

　従来にはない優れた志向とセンスをもった新しい人材群が、日本に育っているのも事実である。そうした人材は、特定の仕事に専念して専門性を高め、その道の専門家として職業人生を送ること、専門的な仕事で自己充足を行い、仕事そのもので自己実現を図ることを望んでいる。

　一方、以上のような仕事のプロフェッショナルとは異なる、経営のプロフェッショナルも企業は必要としている。グローバルな企業間競争が激化し、常に変動して予測不能な経営環境の下で、明快で先見性のあるビジョンを提示し、的確な経営戦略を構築して企業を牽引していける経営人材が、今まで以上に必要とされている。変革的経営人材、いいかえると、プロフェッショナル経営者の必要性である。高度専門家集団をマネジメントする経営人材には、特定分野に精通した専門能力と、かなり高度なマネジメント能力が求められる。

3-2　新人材時代の人材開発——「専門・プロ人材」の育成

(1) 人材のプロフェッショナル化

　人材が経営資源のベースになるのは、時代を超えて普遍的である。そして、今日でも、企業は先に述べた新人材像に向けて、従業員の人材育成に注力している。その方向性は、経営資源である人材のプロフェッショナル化である。社外でも十分通用する専門能力の保有者、仕事で優れた成果を出せる高度専門職業人（プロフェッショナル）が、企業における中核人材だからである。

　ただし、前述した"仕事のプロ"と"経営のプロ"とはオーバーラップする部分もあるが、概念と役割は異なる。経営のプロの育成については最後にあらためて触れることにし、以下では仕事のプロを中心に論ずることにする。

(2) プロフェッショナル概念の変化

プロフェッショナル（professional：高度専門職業人）は、アマチュア（amateur：素人）に対応する言葉で、その特徴として、①長期の専門教育による実践的な専門知識・技術の保有者であり、②社会的な地位・身分が確立している高度な知的職業人として、③社会的に独立し自立している職業人であることなどが指摘できる。アマチュアとは比べものにならない高度な専門能力の保有者として、その専門能力を活用する職業に就くことで生活の糧を得ている職業人である。

スポーツでいえば、プロ野球、プロゴルフ、プロサッカーの選手が代表的であり、古典的・伝統的プロフェッショナルとしてよくあげられるのは、聖職者、医師、弁護士である。しかし、現在ではプロフェッショナルの概念は内包、外延ともかなり変容かつ拡大してきている。組織に所属している高度専門能力保有者に関しても、組織内プロフェッショナル、企業内プロフェッショナルと称するようになっている。企業実務でも、卓越した人材を指してプロフェッショナル、プロと普通に呼んでいる。

今日、実業界を中心に普及しているプロフェッショナルあるいはプロという言葉が表現しているものは、社会的な地位の確立や組織からの独立性といった要素より、きわめて高度な専門能力の保有者、高度な知的職業人という側面が強い。しかも、専門職的人材をプロというだけでなく、前述した"経営のプロ"という言い方さえ普通に存在する。いわゆるプロフェッショナル・マネジャー（専門経営者、専門管理者）である。新しいプロフェッショナル概念には、このようにプロフェッショナル・マネジャーも含めて考えることができる。

(3) 「専門・プロ人材」の概念

筆者は、以上に述べた新しいプロフェッショナルに、従来からの専門職人材を包摂した造語として「専門・プロ人材」という概念を提唱している。その定義は、以下の通りである。

「専門・プロ人材は、高度な専門能力、職業能力の保有者として、高い付加価値を創造して企業に貢献する専門職的人材、卓越した職業人であり、かつ自律する職業人として社会的広がりをもつ自己実現人である」

つまり、基本的に組織（企業）を活動基盤にする組織（企業）内専門・プロ人材であり、具体的には、スペシャリスト、エキスパート、（企業内）プロフェッショ

図表2−6　専門・プロ人材に求められる人材要件の理念と方向性

① ソリューション型の高付加価値人材
② 自律する高度専門職業人
③ 多種、多様なタイプの専門・プロ人材
④ 多能型、マルチ型専門・プロ人材
⑤ 社外、社会的にも通用する専門・プロ人材
⑥ 社会性のある自己実現人

出所：筆者作成

ナル、専門家、専門職、専任職、熟達者、高度熟練者、専門職業人などの言葉からイメージされる人材群である。

　このように、従来から論じられている、いわゆる"専門職"よりやや拡大した概念として専門・プロ人材という言葉を用いている。今日の経営では、従来の専門職制度が対象とする狭義の専門職的人材だけでは環境変化に対応できないからである。概念的にさらに拡大した人材が求められている。それをここでは、専門・プロ人材という概念、用語でとらえるのである。なお、専門能力以外にも経営センスがあり、マネジメント能力をもった人材を含めている。

　専門・プロ人材に求められる人材要件の理念と方向性を示したのが、図表2−6である。個々の説明は省略するが、これらの人材要件は超人的な能力の保有者を前提とするのではなく、比較的多くの人がそのゾーンに分布するという意味での「標準的能力の保有者」が到達できるレベルを想定している。当然ながら、最終的に到達するレベルは人によって差が出る。

(4)「専門・プロ人材」の育成

　専門・プロ人材の計画的育成、専門・プロ人材を対象とした能力開発の可能性に関しては、懐疑的な見方がある。専門能力は個別性が強くて定型化が困難な部分が多く、自己開発が中心で従業員自身の主体性に負うところ大なので、企業（組織）による計画的育成やシステム的な能力開発にはなじまないというのである。たしかに、専門・プロ人材の育成、能力開発は個別的なものであり、自己啓発、自己研鑽、自己開発が基本になる。

　しかし、それは専門・プロ人材に限らず、今日的な従業員の能力開発、人材育成

のあり方一般に関してもいえることである。個を尊重する"異質・異能主義"のスタンスからは、従業員一人ひとりの適性、能力特性、意志を十分に把握し、それに相応しいキャリア開発・形成を行うことが基本になる。ただ、個別育成が原則としても、企業全体の人材戦略と整合性を図るために、全社的人材戦略の中で個別育成をルール付ける基準、枠組みを明確にし、ガイドラインを設定する必要がある。また、従業員による自己開発と企業の人材戦略を有機的に連関させるためには、自己開発の指針となる教育・研修制度、能力開発体系を確立することが不可欠である。

以上のような基本的考え方は、とりわけ個別性と自己開発要素の強い専門・プロ人材の育成と能力開発に当てはまる。そして、従業員の主体性、自律性がなければ人材開発が実現しないことは当然であるが、企業による育成システムの構築と運用もそれ以上に必要である。筆者は、「従業員の主体的、自律的な自己開発を企業（組織）が制度的に支援する」という理念、スタンスの下、企業（組織）が人材育成システムを適切に構築して効果的に運用すれば、専門・プロ人材の意図的、計画的育成が可能だと考えている。

ところで、一般的に人材育成の基本的要素は、「仕事経験の連鎖」と「職業能力開発の機会」である。後者は、OJTのような仕事の経験を通じた能力開発機会も含め、Off-JTや自己啓発援助制度などを体系化した総合的な研修、教育訓練、能力開発のシステムとその機会のことである。仕事経験を理論的に体系化する機会でもある。仕事経験の連鎖と職業能力開発の機会が人材育成の基本であることは、専門・プロ人材にも当然あてはまる。

専門・プロ人材の育成と能力開発の手段として注目したいのは、後に"経営のプロ"育成のところでも触れるコーポレート・ユニバーシティ（Corporate University：CU）である。企業内大学といっても物理的な施設ではなく、機能面を表現した研修システムを指している。1990年代に一部の先駆的企業で導入され、2000年代に入ってから、先進的な大企業を中心に、CUを設立するケースが散見されるようになった。経営層を対象とした講座だけでなく、専門・プロ人材を育成するための講座・コースも開講される例が多い。

3-3　専門職制度の展開

(1) 専門職制度の歴史と導入状況

専門・プロ人材を対象とした人事・処遇制度としては、従前から「専門職制度」

図表2−7　専門職制度を導入している企業割合の推移

区　分	専門職制度のある企業の割合（％）						
	昭和56年 (1981年)	昭和62年 (1987年)	平成2年 (1990年)	平成5年 (1993年)	平成8年 (1996年)	平成11年 (1999年)	平成14年 (2002年)
企業規模計	7.1	13.0	16.2	18.1	19.9	18.2	19.5
5,000人以上	36.2	43.5	57.8	60.3	58.9	51.5	50.7
1,000〜4,999人	28.1	32.9	43.0	45.3	44.9	39.2	43.3
300〜 999人	14.0	28.1	36.2	33.5	34.0	35.3	37.3
100〜 299人	8.1	19.6	17.9	22.8	23.6	21.9	23.1
30〜 99人	5.6	9.0	13.0	14.2	16.5	14.7	15.9

出所：厚生労働省「雇用管理調査（各年）」から筆者作成

が存在する。筆者が定義づける専門・プロ人材と専門職の概念はまったく同じではないが近似的であり、既存の専門職制度を、専門・プロ人材の制度的表現形態とみなすことにする。

　専門職制度が本格的に導入され始めたのは1960年代（昭和30年代後半以降）で、1960年代後半には、大企業中心に導入企業が急速に増大した。特に、第一次オイルショック後の1970年代後半からは、人事・処遇基準が年功制から能力主義に転換することに歩調を合わせるように、専門職制度の導入が盛んになった。

　その後、中堅・中小企業でも導入するところが増え、1990年代に入ると導入割合そのものはピークに達したが、増加率は鈍いというより停滞している。こうした状況を示したのが、図表2−7である。厚生労働省「雇用管理調査」によると、専門職制度の導入割合は、企業規模計で1987年に13％と二桁に乗ったが、1993年以降、18％から20％弱程度で推移している。企業規模により格差はあるが、各規模とも、1993年以降の導入割合は停滞している。雇用管理調査は2004年で廃止されたので、専門職制度に関して最後に調査された2002年以降の状況がはっきりしないが、今日でも導入企業の割合と規模別状況は変わらないと考えられる。

(2) 専門職制度の導入目的

　専門職制度の導入目的は、大きく分けて「企業（組織・団体）側のニーズ」と「労働者側のニーズ」がある。企業側のニーズには、さらに、「経営活動面からのニーズ」と「人事・処遇面からのニーズ」がある。

　経営活動面からのニーズの第一は、高度な専門能力を保有する人材の必要性であり、前述した社内外の経営環境変化への対応である。第二は、組織の簡素化、効率

化、動態化であり、①専門職系統を設けることによるライン職制の簡素化、②管理職と専門職の機能分化による組織の効率化、③組織の柔軟な運営と組織の動態化、といったことも専門職制度導入のニーズになっている。

　人事・処遇面からのニーズでは、第一に、従業員の適性、能力特性に応じた育成、適正配置、活用、処遇が導入目的としてあげられる。第二に、労働者側の働くことに対する価値観の多様化への対応がある。例えば、管理職になるよりも特定の仕事に専念して専門性を高め、その道の専門家として職業人生を送りたい、専門的な仕事で自己充足と自己実現を図りたいと望む労働者が増加していることへの対応である。これは、とりもなおさず、もう一方の大きな導入理由である、労働者側のニーズへの配慮にもなる。

　いずれにしろ、企業は複数のニーズ・目的の下に専門職制度を導入しており、導入目的は一つに限られない。ただ、1990年代以降に導入、改定された企業事例をみると、経営戦略がらみで高度専門能力保有人材を確保、育成、活用、処遇する側面にシフトしている。

(3) 専門職制度の類型

　図表2－8に、専門職制度を導入している企業事例を類型化した。この類型化は、専門職制度が適用される対象の範囲、専門職制度の形態、任用要件の厳格さの

図表2－8　専門職制度の類型

①（役職者）全員専門職制度
② 管理職以外の役職者は全員が専門職
③ 対象職種や対象業務・職務を特定、限定した専門職制度
④ 技術系職種・職務中心の専門職制度
⑤ 営業職、販売職に限定した専門職制度
⑥ 複線型・多元型専門職制度
⑦ 高度専門職制度、大専門職制度
⑧ ライセンス制度、専門能力認定制度
⑨ 厳格な任用要件を設定した専門職制度
⑩ その他（上記に分類不能な専門職制度、特殊な位置づけの専門職制度、定年延長に伴う専門職制度など）

出所：筆者作成

程度など、数種類の基準による便宜的な分類であるから、実際には一つの企業でいくつかの類型にわたる場合がある。なお、企業によっては専門職制度と呼ばず、専任職制度といった名称を用いるところもあるが、ここではそれらも含めている。

　図表2－8の類型化は、1980年代の企業事例に基づいた分類をベースに、今日的な修正を若干加えたものである。しかし、もとになった類型化は、今日的にも十分に妥当する。それ以降に導入された専門職制度、現在も運用されている専門職制度、最近新たに導入・改定された専門職制度について、専門誌等で公表される内容を検討すると、おおむね同図表のいずれかの類型、あるいは数種の類型の組み合わせで説明できる。その意味で、現在の専門職制度の原型は、1970年代から1980年代に、ほぼできあがっていたといえる。

(4) 専門職制度の最近の動向

　専門職制度を導入あるいは改定している企業事例から、最近の専門職制度の顕著な動向を整理したのが、図表2－9である。このうち、「①専門職の純化」、「②専門職の複線化・多元化」、「③全員専門職・総専門職化への志向」は、1980年代、1990年代を経て、今日まで続いている。それだけ、実現が難しいテーマといえる。

　「④新しい人事・処遇システムの枠組みの中での再編成」とは、今日の人事・処遇基準の実態でありスタンダードである（と筆者が認識している）「職務・能力主義＋成果・業績主義」を理念とする人材マネジメントシステムを前提に、制度を構築するということである。「⑤キャリア開発・形成の視点を明確に織り込む」とは、キャリアルート、キャリアの選択肢としての専門職、キャリア開発・形成のための専門職制度、という視点を直接的に組み入れた制度を設計するということである。

図表2－9　専門職制度の最近の動向

① 専門職の純化
② 専門職の複線化・多元化（専門職のセグメント）
③ 全員専門職、総専門職化への志向
④ 新しい人事・処遇システムの枠組みの中での再編成
⑤ キャリア開発・形成の視点を明確に織り込む

出所：筆者作成

3-4 プロフェッショナル・マネジャーの育成

　最後に、"経営のプロ"つまりプロフェッショナル・マネジャー（ジョン．P．コッター流にいえば、「リーダー」）の育成について簡単に触れる。現在、日本企業が力を入れているのは、グローバル化に対応できる次世代リーダー、次世代経営層の育成であり、これは、とりもなおさず、独創的で革新性に富む経営のプロ人材の育成である。

　優れた経営者は自然に育つのではなく育成するものだという前提に立ち、次世代リーダー・経営層候補者の早期発見と意図的、計画的な育成を目的に"選抜型研修（能力開発）"を実施する企業が増加している。1990年代に嚆矢となる企業事例が現れ、2000年代に入ってからは導入する企業が少しずつ増え、今も続いている。

　育成方法は、選抜した人材に対して、まず講義、ケーススタディ、グループ討議、ワークショップ、アクション・ラーニングなどの研修を、6ヵ月～1年程度の期間で実施する。この選抜型研修受講後は、戦略的な部署に異動させる企業が多い。チャレンジングな部署・ポストに異動させ、修羅場を経験させることによる、研修結果を踏まえた経営能力の具現化が目的である。国内外の関連会社に必ず出向させる企業も多い。高評価者は上位役職に抜擢し、他部門や関連会社の幹部として任用する。企業によっては、研修後の計画的異動による育成をむしろ重視する。この場合は、次世代経営幹部用のCDP（Career Development Program：職歴開発制度）になるわけで、個人別に定期的にモニタリングしフォローしている企業も存在する。

　育成の前段である選抜型研修は、社外の専門機関が実施する次世代経営層育成講座に派遣する企業もあるが、社内の研修機関・部署が担当する企業が多い。社内に設立した「○○経営塾」や、企業内大学（CU）で研修する企業もある。経営塾といっても施設ではなく、次世代リーダーの育成であることを強調した研修名、コース名、プログラム名である。

　また、前述の通り、CUは大学といっても、あくまで企業内の研修機関である。それまでの教育訓練・研修体系を経営戦略と緊密に連携させ、戦略的な人材育成・能力開発機能として再構成したものである。単なる研修（施設）を大学と読み替えた例もあるが、多くはより高度な研修体系を構築している。

　次世代リーダー・経営層の育成を目的にした講座やカリキュラムのほか、特定の

高度な専門知識・技術を習得するための講座・コース、さらには全社員を対象に企業価値や理念の浸透を目的とした講座・コースなど、特色のある複数の研修をあわせて開講していることが多い。次世代リーダーの養成に特化したCUもあり、プロフェッショナル・マネジャー育成の有効なシステムとして期待できる。

【参考文献】

1) 産業訓練白書編集委員『産業訓練百年史―日本の経済成長と産業訓練―』日本産業訓練協会、1971年
2) 小山田英一・服部治・梶原豊『経営人材形成史―1945～1995年の展開分析―』中央経済社、1997年
3) 坂本康實・瀬藤嶺二・櫻井亨・三浦郁也『海外進出企業の実態―その経営方針と環境変化―』東洋経済新報社、1981年
4) 梶原豊『日本電気の組織活性化戦略』評言社、1985年
5) 新・日本的経営システム等研究プロジェクト報告「新時代の『日本的経営』―挑戦すべき方向とその具体策―」日本経営者団体連盟、1995年
6) 梶原豊『日本の産業が直面している経営課題と人材開発』高千穂大学総合研究所、1996年
7) 梶原豊『雇用形態の多様化と労働』社団法人中高年齢者雇用福祉協会、1998年
8) 岩内亮一・梶原豊編『現代の人的資源管理』学文社、2004年
9) 経済企画庁「『日本的経営システムの再考』企業行動に関するアンケート調査報告書」1998年
10) 『人材活性化事例集』産業労働調査所、1989年
11) 高原健『能力適性人事への転換』マネジメント社、1986年
12) 通産省企業行動課『企業活力』東洋経済新報社、1984年
13) アベグレン『新・日本の経営』山岡洋一訳、日本経済新聞社、2004年
14) 服部治『現代経営行動論』晃洋書房、2005年
15) 谷田部光一『専門・プロ人材のマネジメント』桜門書房、2013年
16) 谷田部光一『専門職制度の設計と運用（改訂新版）』経営書院、1995年
17) 谷田部光一『実践・専門職制度』マネジメント社、1987年
18) 谷田部光一『働きがいの人材マネジメント』晃洋書房、2016年

第3章 産業構造改革、雇用の多様化と人的資源管理システムの再編成

1 産業構造転換と人的資源管理・人事システムの改革

1－1 はじめに

　ここでは、2000年から2009年までの産業構造転換と人事システムの改革について概観を試みる。

　2000年以降、IT化やグローバル化の進展により、産業構造が転換したといわれている。これにともない、日本企業を取り巻く環境の不確実性は高まった。一方で、相対的に高賃金な日本企業は、高付加価値な製品やサービスを生み出せる経営を行う必要に迫られている。

　そのような状況において、企業の経営戦略や経営目的も変容している。人的資源管理・人事システムに求められるものは、不確実性の高い状況において経営目的を遂行すべく、最適な人材を調達し成果を出させ、さらに長期にわたり企業に貢献する人材を育成することである。そのために人事システムの改革は実行されたが、決してスムーズに実行されたわけではない。短期的な成果と長期的な成長の両立を目指し、改革は試行錯誤的に進行したといえるだろう。

1－2　産業構造の転換

(1) 2000年代の経済状況

　2000年代に入り、日本経済の状況はやや持ち直したものの、長引くデフレや世界的金融危機などにより、厳しい状況が続いた。2006年以降の動向を確認しても、成長率は低迷し、デフレが続き、賃金の伸びもマイナスという状況になっている（図表3－1）。

　このような経済状況の要因は、①デフレからの脱却について困難な状況が続いていること、②2007年以降、サブプライム危機が発生する中で、リーマンショックにより一層経済情勢が悪化したこと、③政治情勢が安定しない中で、日本経済の構造改革がスムーズに進まなかったことが、総合的に影響しているとの指摘がある。日

図表3-1　近年の日本経済のパフォーマンス（年平均伸び率、%）

年	実質成長率	名目成長率	CDPデフレータ	一人当たり雇用者報酬
1986〜1990	4.8	6.4	1.5	2.9
1991〜1995	1.5	2.5	0.9	1.5
1996〜2000	0.9	−0.1	−0.5	−0.4
2001〜2005	1.2	−0.2	−1.4	−1.3
2006〜2010	0.4	−0.8	−1.2	−1.0

出所：小峰隆夫・村田啓子『最新 日本経済入門（第4版）』日本評論社

本企業を取り巻く状況も厳しいことがうかがわれる。

(2) IT化とグローバル化の促進

このような状況の中、2000年代に入り、IT化がより一層進展した。ポータブルPCやタブレットの普及、企業内外のネットワーク化の促進により、企業の膨大な取引データの把握が可能となった。一方で、経済活動のグローバル化も進展した。規制緩和などにより、航空運賃が下がって輸送コストも低下し、2000年以前と比較して物理的な移動が容易になった。各国の金融市場もオープンになり、資金調達や資金運用もグローバルな展開が可能となった。結果として、企業はヒト・モノ・カネといった経営資源の移動が、低コストかつ容易に行えるようになった。

これらにともない、ビジネス・モデルも変化した。ソニーは金融事業を展開し、ファーストリテイリングはSPA（Speciality store retailer of Private label Apparel）によりユニクロを世界で展開するようになった。

(3) 企業経営の変化

デフレ経済およびIT化とグローバル化の進展により、日本企業も従来の経営のやり方や戦略の見直しを迫られることとなった。

2000年以降、日本企業を取り巻く環境は変化が速く、不確実性の高い状況におかれるようになった。その中で、日本企業は、売上高のような経営規模を重視する状況から、収益性や資本効率を重視する状況に転換しつつある。収益性や資本効率は、企業が達成するべき最終成果を示す指標である。こうした経営目標の変化にともない、業績管理手法も成果指標を重視する方向に変化することとなる。

また、日本は世界でも人件費が割高であるため、付加価値の高い製品・サービスの生産・販売に取り組む必要がある。付加価値の高い製品・サービスに取り組むことは、社員の働き方にも影響を与える。社員は、従来とは質的に異なる職務や知識創造活動を行う必要が出てくる。

　こうして企業経営が大きく変化するならば、人事システムも変化せざるをえない。2000年代以降の日本企業の人事システムに要請されるのは、企業の経営目的達成を支援することであり、そのように社員を方向づけし、また最適な人材を必要なときに必要なだけ調達することである。

1－3　従来の人事システムのゆらぎ

(1) 従来の人事システムの問題点

①経営戦略にフィットしなくなった従来の人事システム

　人事システムは、経営システムにおけるサブシステムである。そのため、よりよい経営を行い、高い業績を生み出すため、人事システムには経営戦略や経営システムとのフィット（整合性）が要請される。

　2000年以降のような環境の変化に企業が適応していくためには、経営戦略の転換が必要である。経営戦略の転換が図られると、経営システムや人事システムも再構築されなければならない。ところが、そのような環境変化に対して、企業は経営戦略の転換には取り組んだが、戦略にフィットした人事システムの構築は容易ではなかった。そのため、企業からすると、人件費の固定費化や社員の能力向上が業績にリンクしないといった問題を生み出した。ただし、人事システムは、賃金、ひいては社員の生活にも影響を及ぼすため、急激な変更は難しく、徐々に再構築せざるをえなかった面はある。

②職能資格制の年功的運営

　従来の職能資格制は、1990年頃までは優れた人事システムであった。しかしながら、2000年代以降の環境変化により、必ずしもそうとはいえなくなった。

　ここで、職能資格制の本質的な問題を2点指摘する。まず第一に、能力の評価は本来的に困難であり、年功的な運用になりやすいという問題点がある。能力の幅や深さを適正に評価することは容易ではない。そのため、経験年数や社歴を能力の代理変数として用いることがあった。すなわち、経験年数が長い社員ほど能力を保有していると考えられ、高い賃金が得られることになる。そうすると、能力を高める

ためのインセンティブが、かえって失われる可能性がある。また、社員個人の努力と賃金に直接的な関係がないため、努力をすることについてのインセンティブが弱まる可能性がある。

　第二に、職能資格制において、社員には能力・技能の向上を目指すインセンティブが存在するが、どのような能力を評価するかに問題点がある。すなわち、企業の目的（収益性の向上）と社員の目的（能力の向上）が乖離した場合、社員の能力向上の取組みは、企業の業績に必ずしも結びつかなくなる。これらの職能資格制の問題点は、2000年代以降の人事システム再構築の際の重要な検討課題となった。

(2) 人事部に求められるデリバラブル（deliverables）

　このように、従来の人事システムと経営戦略がフィットしなくなり、経営戦略に適合した人事システムの再構築が、日本企業にとって重要な検討課題となった。

　日本企業は従来から、社員を重要な経営資源として意義づけ、人的資源管理に取り組んできた。しかしながら、不確実性の増大や企業間競争の激化にともない、より経営戦略と人事システムとの連動制が要請されるようになった。すなわち、社員を競争優位の源泉ととらえ、経営戦略を起点にした人的資源管理（人事システム）の再構築が必要になったのである。これは、戦略的人的資源管理（strategic human resource management）の発想が必要になったことを意味する。

　そのような状況で、人事部のあり方も検討されるようになった。それが、人事部に要請されるデリバラブル（deliverables）である。ウルリッチによると、人事部や人事システムについて、何をするかあるいは何ができるかという視点（doable）ではなく、どういう価値や結果をもたらすのかという視点（deliverables：デリバラブル）が重要になる。デリバラブルは、人事部にとって他部署のビジネス・パートナーとしての目標設定であり、人事部は企業や他部署に高い価値を提供するものに変化すべきであるとの主張である。

　具体的に示すと、人事部のデリバラブルとは、①戦略を達成すること、②生産性の高い組織の仕組みを築くこと、③従業員のコミットメントとコンピテンシーを向上させること、④組織の変革を実現すること、の四つである。日本企業の人事部は欧米企業の人事部と比較すると、デリバラブルを意識していたといえる。しかし2000年代に入り、より一層デリバラブルを重視し、戦略との連動制を意識して活動に取り組まなければならなくなった。経営者だけで経営戦略が完結するわけではな

く、人事部なくして経営戦略の遂行は困難となる。

(3) 試行錯誤だった成果主義に基づく人事システム

　従来の職能資格制には問題があったため、1990年代に富士通や武田薬品といった企業は、成果主義に基づく人事システムの改革を行った。背景にあるのは、①競争が激化する中、付加価値の高い成果を効率的にあげられる社員に報いる処遇、②階層型組織からフラット型組織へ移行する中での職務分担の見直し、③情報インフラ発達による社員個人の働き方の変化への対応、といった点があげられる。

　成果主義には明確な定義は存在しないが、日経連（現・経団連）は、短期的かつ顕在的な結果を重視するものとしている。また、奥西好夫・法政大学教授は、成果主義とは、①賃金決定要因として、成果を左右する諸変数（技能、知識、努力など）よりも、結果としての成果を重視すること、②長期的な成果よりも短期的な成果を重視すること、③実際の賃金により格差をつけること、であると指摘している。

　そのような成果主義に基づく人事システムについて、事例を検討する。

　富士通は、目標管理評価制度や裁量労働制度を導入し、従来の等級制度からファンクション／等級人事制度への改定を行った。まず、管理職層に対して実施し、徐々に適用範囲を拡大していった。また、武田薬品は、能力・成果主義を大幅に取り入れた賃金システムの導入を図った。従来は年功的に決まる基本給が60％、業績配分を重視した職務給が40％という構成だったものを、基本給部分を30％、成果に基づく職務給部分を70％にした。

　しかしながら、富士通における人事システムの改革は、いくつかの点で問題が生じた。第一に、目標達成が過度に意識され、目標を超えた挑戦を回避する動きがみられた。第二に、業績として客観的指標が重視され、プロセスが軽視される傾向がみられた。第三に、事業部により職務が異なるため、目標管理評価制度の一律的な運用は困難だった。そのため、その後、プロセス評価やコンピテンシー評価を導入するなど、人事システムの修正を行っている。

1－4　2000～2009年における人事システムの改革

(1) 職能給と役割給の併用

　図表３－２から、日本企業の多くは、職能給と役割給を併用していることが読み取れる。職能給と役割給を併用するのは、短期的な成果（業績）をあげつつ、長期

図表3－2　人事関連諸制度の導入率推移（単位：％）

	2000年	2001年	2002年	2003年	2004年	2005年	2006年	2007年	2009年
職能給（管理職）	82.4	67.0	—	60.6	—	57.5	—	74.5	69.9
職能給（非管理職）中堅層	87.0	76.1	—	69.3	—	70.1	—	80.9	80.7
職能給（非管理職）一般		76.7	—		—		—		
役割・職務給（管理職）	43.9	49.9	—	53.4	—	61.0	—	72.3	70.5
役割・職務給（非管理職）中堅層	24.9	32.9	—	34.3	—	40.9	—	56.7	51.1
役割・職務給（非管理職）一般		16.2	—		—		—		
コンピテンシー	5.6	11.2	15.8	20.7	25.7	29.1	26.6	23.1	
複線型人事制度	33.9	31.3	29.0	35.1	34.4	40.8	41.9	38.2	—

出所：日本生産性本部「第13回 日本的雇用・人事の変容に関する調査」を筆者修正

的には社員の能力向上を図りたいからだと考えることができる。これは、成果主義型人事システムを採用しつつ、長期的な能力向上を図ることを意図しており、本来、トレードオフの関係にある短期的目標と長期的目標を整合させようとする考えの表れととらえられる。同図表を確認すると、職能給については、管理職、非管理職を問わず高い比率で導入されている。一方、役割・職務給は、2009年の段階で管理職に対して約70％、非管理職に対して約50％の企業が導入している。

通常、管理職は職能給の比率が相対的に低く、役割・職務給の比率が高いといわれている。管理職については、役割・職務といった短期的な業績評価を相対的に多くして賃金や賞与に反映させつつ、長期的な能力向上に取り組むよう部分的に職能給を取り入れている。また、管理職は十分に能力を向上させているため、職能給をほどほどに取り入れ、役割給を相対的に大きく取り入れているともいえる。

それに対して、非管理者層は職能給の比率が相対的に高く、役割・職務給の比率は低めに設定されている。非管理者層には若年層が多く、能力向上の余地がたぶんにあるため、能力向上のインセンティブを高めるように、能力給の比率を高めているのである。

このように、職能給と役割給の併用は、成果主義に基づく人事マネジメントを補完するための施策ととらえることが可能である。

(2) 自律型人材の育成

日本企業の社員に求められるものが変容しつつあることについては、すでに指摘

図表3-3　自律型人材育成のための施策

	自己申告制度	社内公募制度	社内FA制度
主導	人事部門	ライン（現場）	個人（社員、従業員）
対象者	全員	全員	有資格者
導入状況	59.2%	34.7%	11.6%

出所：谷田部光一『キャリア・マネジメント―人材マネジメントの視点から―』より筆者作成

した通りである。企業には競争優位の源泉となる知識創造活動が必要となるが、社員に求められるのは、自律的な業務遂行である。成果がプロセス以上に重視されるため、プロセスについては社員の自律性に任されることになる。また、成果が問われる以上、どのような業務に従事するかについても、社員の自律性に委ねざるをえない。そこで、自律型人材の育成を図るために、社員個人の望む職務に挑戦させる施策が必要となる。自律型人材の育成を支援する施策として、すなわち、自律性や自主選択を尊重する施策として、自己申告制度、社内公募制度、社内FA制度を採用する企業が増えている。

　自己申告制度は、多くの企業が採用しているが、社内公募制度および社内FA制度については、採用している企業は多くない。労働政策研究・研修機構「社内公募制など従業員の自発性を尊重する配置施策に関する調査」によると、社内公募制度の導入状況（34.7%）は自己申告制度の導入状況（59.2%）より低くなっている（図表3-3）。また、社内公募制度を導入していない主たる理由として、「要員計画に混乱を来すため」（32.3%）、「従業員の中長期的なキャリア形成を会社が主導して考え、それに沿った形で移動を行っているため」（26.8%）があげられている。

(3) 複線型人事制度の導入

　2000年代は、社員の働き方の多様化が進み、必要なときに必要な人材を調達するという企業ニーズも高まった。従来であれば、社員や正社員というと、雇用期間に定めがなく勤務時間はフルタイムで、職種や勤務地を限定しない労働者を指すことが通常であった。すなわち、社員区分は画一化されており、キャリアも単一であった。しかしながら、近年は正規雇用の社員であっても、勤務地を限定した社員区分や特定の専門的業務に特化する専門職という社員区分、定型的な業務に限定した社員区分というように、複線型人事制度の導入も進んでいる。

こうした複線型人事制度の導入により、企業の多様な役割・業務に対応した社員区分や職種区分を設定し、区分ごとの評価・処遇が可能となる。日本生産性本部「第13回 日本的雇用・人事の変容に関する調査」によると、複数型人事制度を導入している企業は、2000年に33％程度だったが、2007年にはおおよそ40％に増加している。複線型人事制度を採用することにより、女性社員は働きやすくなり、ワーク・ライフ・バランスへの配慮も可能になる。

(4) コンピテンシーの導入

コンピテンシー（competency）とは、高い業績を継続的に実現できる行動特性のことである。コンピテンシーは、企業内の高業績社員に対して面接を行って設定される。すなわち、コンピテンシーは顕在化した能力の結果としての職務行動についての評価であるため、潜在的な職務遂行能力と比較して、より成果に近い概念ととらえることができる。コンピテンシーを職種ごとに設定することにより、企業が社員に期待する行動を明確にすることができる。

例えば、富士ゼロックスは、管理職以上を対象として、能力を基準とする職能等級制度を廃止し、役割を基準とする人事制度を導入した。まず、経営戦略に基づいて個々の役割が設定され、役割に対する任用要件が決定される。その任用要件基準について、コンピテンシーを用いて明確にし、公開している。これによって、役割に適合した人材を配置できる。また、社員からすると、希望する社内業務に就くためにどのような能力を高めればいいのかを知ることができる。さらに、社員はコンピテンシーを知ることにより、行動に対する具体的指標を認識することができ、成果を出しやすい行動を理解できる。

このように、富士ゼロックスの制度は、成果主義に基づく人事マネジメントを補完する施策といえる。

(5) グローバル人事制度の導入

少子高齢化などにともない、将来に向けて日本のマーケットや購買力が拡大する可能性は低い。その中で、日本企業がさらなる成長や組織学習を目指すとすれば、海外に進出せざるをえない。近年、海外でグローバル展開する日本企業の中には、海外現地企業をM&Aする事例も増えている。

そのようなグローバル展開を図る企業は、日本企業であっても、国籍を問わず海

外で活躍できる社員の確保や日本人社員の育成が必要となる。ところが、従来の日本企業の人事システムは、職能資格制であったため、優秀な外国人の採用が難しかった。また、本国と海外現地法人とで人事システムが異なるケースもあり、現地法人で採用した優秀な外国人社員を、日本や他国に赴任させることが難しい状況にあった。例えば、カゴメは進出国により人事システムが異なったため、グローバル共通のHRポリシーや仕組みを構築し、グローバル人事制度を導入している。

(6) キヤノンにおける人事システムの改革

2001年にキヤノンは、職能等級制度から役割等級制度に移行し、人事システムの改革を行った。属人的あるいは年功的な要素を取り除き、職務の重要性や成果によって賃金が決定する仕組みに転換した。その改革で目指したものは、①役割と成果を重視した報酬制度を構築すること、②グローバルな競争に打ち勝てる自律した強い個人を育成し、会社を発展させること、③企業理念を再浸透させること、であった。

新しい人事システムでは、経営戦略を部門目標（部署目標）にブレイクダウンして個人の役割を設定し、この役割を、G1〜G4の等級に分けた。賃金を決定する要因は、役割・個人の成果・会社の業績の三つである。賃金の構成として、役割に対する評価から基本給と賞与基本額が決まり、個人の成果から個人業績加算額が決まる。そこに、会社業績加算額がプラスされる。基本給として月例賃金が支給され、賞与基本額、個人業績加算額、会社業績加算額の合計額が賞与として支給される。

評価要素として、役割達成度と行動の2要素が存在する。役割達成度は、成果とプロセスから評価される。ただ、個人として確定した役割しかこなさないという状況を防ぐために、組織活動・チームワーク・全体最適・長期貢献といった側面を行動という項目で評価する。行動で評価されるのは、仕事をする個人としての行動、組織人としての行動、社会人としての行動という三つの面である。役割達成度と行動の両面から評価を行うことにより、短期的な成果と長期的な貢献の両立を目指すことができる。

1-5 おわりに

ここでは、2000年代の人事システムの改革を概観した。不確実性が高まった2000年代には、企業経営も変容し、それにともない、成果主義に基づく人事システムへ

と改革がなされた。この改革は試行錯誤的に行われ、さまざまな修正が施されたことが理解できる。最終的には、短期的な成果と長期的な成長のバランスを目指す人事システムに修正されたと考えることができるだろう。

2 人的資源の活用と雇用の多様化

2−1 はじめに

わが国において、企業は雇用形態の多様化にともなう新しい働き方のニーズに応えてきた。しかし、それは一方で、さまざまな問題を生じさせてもきた。非正規雇用労働者の増加とともに、正規雇用と非正規雇用との待遇格差が生まれ、正規雇用労働者においては、人件費削減から長時間労働を招き、高いストレスや過労死などの悪影響をもたらした。他方で、雇用形態の多様化とともに人的資源の活用も進展してきたが、非正規雇用労働者の増加に十分対応できなかった。

ここでは、1990年代の雇用の動向を振り返り、雇用形態の多様化と人的資源の活用が現代にもたらした影響と今後の取り組むべき課題についてみていく。

2−2 雇用形態の多様化

戦後、長期雇用を前提とした正規雇用中心の雇用形態が確立し、高度経済成長期には、この雇用システムが企業を支えてきた。しかしながら、バブル経済崩壊後は、不採算部門の整理や過剰雇用の解消などから、人件費の削減や事業再構築（リストラクチャリング）による立直しを迫られ、正規雇用中心の雇用システムからの転換が求められた。

この雇用システムの転換により、新卒を中心とした正規雇用労働者の縮減とともに、パート・アルバイト、契約社員や派遣労働などへの置換えが進み、非正規雇用労働者が増加した。他方で、非正規雇用労働者は、家計の補助とともに、労働時間や期間が柔軟に選択でき、家庭と仕事の両立が図れることに加え、出産や子育てが一段落し、能力を再度活用したいといった女性のワーキングニーズの変化もとらえ、雇用全体に占める割合が増加した（図表3−4）。

(1) 正規雇用と非正規雇用

正規雇用には、社員、職員、従業員、正社員など、事業所によりさまざまな呼称

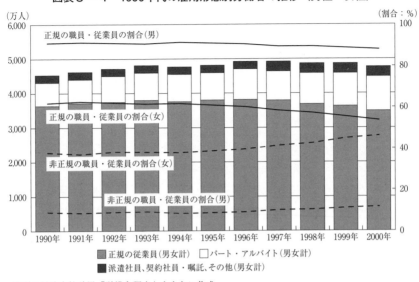

図表3-4　1990年代の雇用形態別労働者の推移（男性・女性）

出所：総務省統計局「労働力調査」をもとに作成

がある。正規雇用には、原則的に労働契約に期間の定めはなく、労働時間はフルタイムで直接雇用の形態である。また、勤続年数に応じた処遇や雇用管理の体系がある一方で、勤務地や業務内容の限定がなく、時間外労働もある。ただし、業務や勤務地を限定するなど、これらの要素を満たさない正規雇用形態もある。

非正規雇用には主に、労働契約に期間の定めがある「有期契約労働者」、所定労働時間がフルタイムでなく一部に限られている「短時間労働者（パートタイム労働者）」、雇用関係と指揮命令関係が異なる間接雇用の「派遣労働者」の3形態がある。

非正規雇用は、期間や時間に柔軟性があるが、正規雇用と比較して、賃金が低いことが多い。各種制度（雇用保険、健康保険、厚生年金、退職金制度、賞与支給制度）も正規雇用と比較して適用されないことが多く、賃金や制度適用などで不利になっている。

(2) 多様化による人材活用を目指した日経連の提言

バブル経済崩壊後の厳しい経済状況や社会状況を受けて、1990年代後半以降のわが国の多様な雇用形態による人材活用に影響を与えたのが、1995年に日本経営者団体連合会（日経連）が公表した報告書「新時代の『日本的経営』─挑戦すべき方向

とその具体策―」である。この報告書では、労働者グループを長期蓄積能力活用型グループ、高度専門能力活用型グループ、雇用柔軟型グループの３グループに分類し、バブル崩壊後におけるわが国の再チャレンジを支える、新時代の雇用形態に基づく新たな人材活用を提言した。

日経連の提言は、戦後の日本的経営を支えてきた、人間中心の経営に基づく長期的視点から、人件費抑制とコスト削減による短期的視点の経営への転換を促すものであった。

成瀬健生・元日経連常務理事によると、このような提言を行った背景には、円高によるデフレと不況、高齢化の波、グローバル化の進展による人件費抑制の要請があったからである。なかでも、人件費抑制を目的として、年功賃金の見直しと雇用構造の再検討に目標を置いた。年功賃金の見直しでは、従来型の年功昇給から、職能資格基準の厳格化、業績評価の一層の適正化が提言された。また、雇用構造の再検討では、自由な生き方を望む人への対応や増加する定年退職者に対して、期間雇用かつ年俸制での活用が提言され、その多くが行われた。

その後も、多くの事業者は、さらなるコスト削減のため、人員削減をはじめ、新卒採用の停止・削減、非正規雇用の多用に加えて、正規雇用を含む賃金水準の引下げなどを行った。他方で、研究開発費、教育訓練費の削減といった雇用・賃金の劣化も生み出した。ひいては、失業率の増加、職場のメンタルヘルス問題の深刻化、教育訓練不足による事故など、人件費抑制に代表されるコスト削減を目的とした取組みは、さらなる悪影響を及ぼす結果となった。

(3) 人的資源の活用

人的資源の活用を、人的資源管理との関係から、雇用管理、人材育成、評価・報酬、福利厚生、労使関係の視点でみていく。

①正規雇用における人材資源の活用

正規雇用における人的資源の活用において、雇用管理では、長期雇用を前提とした新卒一括採用が中心となってきた。人材育成では、企業内人材育成をはじめとする人的投資が継続的に行われた。評価・報酬では、昇進・昇給において年功的運用が重視される年功序列型賃金制度が適用され、福利厚生では、長期雇用により賃金の安定性が確保され、社会保障制度も充実された。また、企業別労働組合が労使の協調・協力関係を形成した。

1990年代以降も、正規雇用労働者についてはリストラクチャリング（事業再構築）による整理解雇などのケースがみられたが、基本的に解雇は厳しく、雇用の安定性は維持された。その一方で、評価・報酬においては、業績・成果主義的な評価・賃金制度の割合が増加するなど、やりがいを引き出すとともに、収益の伸び悩みを賃金に反映させる形に移行した。そのため、正規雇用における人的資源の活用では、動機づけと賃金のバランスが主な焦点になっている。

②非正規雇用における人材資源の活用

一方、非正規雇用においては、主に労務コストの削減が目的とされたため、正規雇用の場合と比較して、人的資源活用への対応が遅れている。

雇用管理では、1993年に施行された「短時間労働者の雇用管理の改善等に関する法律」に基づき、正規雇用労働者との均衡のとれた待遇確保が義務化されたものの、有期雇用であり、企業内人材育成など長期的な人材育成のシステムが整備されていないことが多い。

評価・報酬では、管理職、役員などへの昇進・昇給の仕組みがほとんどなく、また、賞与や退職金がない事業所も多いことから、非正規雇用労働者は正規雇用労働者と比較して、賃金が安い傾向にある。

福利厚生については、正規雇用と比較して、住宅手当や社外での教育制度などへの補助がない事業所が多い。労使関係では、非正規雇用労働者の組合は組織されていない場合が多く、正規雇用労働者と非正規雇用労働者とでは労使間で利害が異なるなど、正規雇用中心の労使関係から変化が生じている。

2-3　雇用形態の多様化と人的資源活用の課題

雇用形態の多様化が、正規雇用と非正規雇用の2極化を招いた。格差の解消など、法制度による取組みがなされているものの、法制度による改善・改革のみでは、課題解決につながらない側面もある。そのため、多元化やワーク・ライフ・バランスに基づく雇用形態の多様化への対応と、付加価値創出を目的とした人的資源の活用が求められている。

(1) 人的資源活用の課題

①正規雇用における課題

正規雇用労働者においては、残業の多さや遠隔地への転勤などが及ぼすワーク・

ライフ・バランスへの影響を考えなければならない。正規雇用は原則、勤務時間はフルタイム、雇用期間は無期限となっており、時間制約なしの残業や、転勤・異動も受け入れるのが前提となっている。基本的に一律的管理であるため、働き方の多様化に対して融通が利かないシステムでもある。今後、雇用形態の多様化のさらなる広がりの中で、個別的管理に基づく多様な事情に対する配慮が必要であり、多元化を前提とした労働時間の制限や働き方の柔軟化が求められる。

また、正規雇用労働者にとっても、産業構造が変化する中で、自らの能力を活かせる、より生産性の高い職場への円滑な移動が必要とされている。外部労働市場の整備や効果的な教育訓練機会の提供によって、高生産性部門へのマッチングを、事業所の高生産性部門の拡大とともに重点的に先行させていくことや、高度なIT技術者やグローバル人材など、需要が高い分野への学び直しなどによるマッチング、労働移動の支援や制度の整備が求められている。

②**非正規雇用における課題**

他方で、非正規雇用労働者においては、将来不安の解消が課題としてあげられる。非正規雇用労働者の中には、正規雇用労働者として働きたいが機会がなく、非正規雇用労働者として働いている者（不本意非正規雇用労働者）がいる一方、非正規雇用を自ら選択する者もいる。こうした状況にも配慮したうえで、待遇の改善による環境整備を進めることが求められている。

厚生労働省「正社員転換・待遇改善実現プラン」では、非正規雇用労働者の正規雇用への転換と多様な正規雇用の推進、非正規雇用労働者の将来不安のない待遇改善の取組みを提言している。このような非正規雇用労働者に対する人的資源活用の具体的方向性として、内閣府は「成長のための人的資源の活用の今後の方向性」において、若者への雇用の場の確保をはじめ、正規雇用・無期雇用への転換促進、中立的な税・社会保障制度の構築、公正処遇の確保、不合理格差の解消、均衡・均等待遇の効果的促進、職業キャリアの形成支援、雇用のセーフティネット強化などを示している。

(2) 教育訓練の重要性

事業所外部の労働市場においても評価されるために、教育訓練投資やマッチング支援などが求められている。その中で特に重要なのは、正規雇用労働者と非正規雇用労働者の能力格差を補い、能力を向上させ、生産性の高い職場への移動を促進さ

せる教育訓練投資である。

事業所による教育訓練投資への主な取組みの一つに、企業内人材育成がある。しかしながら、厚生労働省「能力開発基本調査」が統計を取り始めた2007年度以降の調査によると、正規雇用以外の者に対する教育訓練を実施している事業所は、計画的なOJT（On the Job Training）、Off-JT（Off the Job Training）とも、正規雇用の半分程度となっている（図表３－５、３－６）。この傾向は、1990年代以降でみても変わらないと思われる。また、労働費用に占める教育訓練費は1990年代以降、低下・横ばい傾向にあり、非正規雇用労働者への能力開発機会が乏しく、企業規模が小さいほど、企業内人材育成は重視されていない傾向にある。

図表３－５　計画的なOJTを実施した事務所

(%)
80
60
40
20
0
2007
2008
2009
2010
2011
2012
2013
2014
2015
2016
(年度)
正社員
非正社員

出所：厚生労働省「能力開発基本調査」をもとに作成

図表３－６　計画的なOff-JTを実施した事務所

(%)
(万円)
80
60
40
20
0
5
4
3
2
1
0
Off-JTに支出した費用の労働者一人あたり平均額
2007
2008
2009
2010
2011
2012
2013
2014
2015
2016
(年度)
正社員
非正社員

出所：厚生労働省「能力開発基本調査」をもとに作成

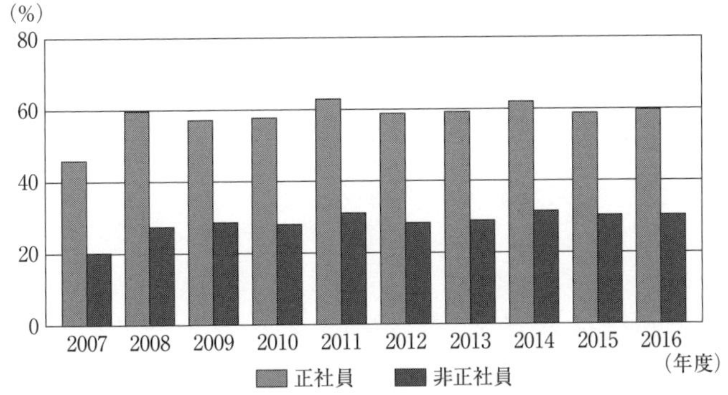

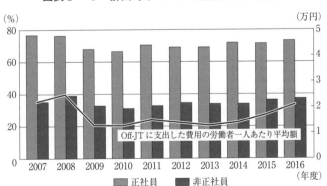

このことは、不本意非正規雇用労働者の能力が向上しないことで、正規雇用への登用を阻害するだけでなく、待遇改善も見込めなくして、非正規雇用労働者の固定化につながる要因となっている。なお、正規雇用労働者主体の企業内人材育成は、事業所側には長期的な教育訓練投資を回収しやすい、労働者側には長期勤続を前提とした能力を身につけられるといった動機がある。他方で、非正規雇用労働者では、事業所側には雇用期間が短期的であるため教育訓練投資が回収しにくい、労働者側には能力を得る意欲が湧きにくいといった課題がある。

そのため、非正規雇用労働者が安定性と柔軟性のバランスが取れた多元的な働き方を実現できるよう、職業能力評価制度を導入してジョブ型労働市場を整備するとともに、若者への人的資源形成機会の提供や、継続的人的資源形成手段としての教育訓練の見直しを進めることが求められている。

厚生労働省では、職業訓練やキャリア形成支援、ジョブ・カード制度など、非正規雇用労働者を対象に、教育訓練による就業支援を行っている。しかし、ジョブ・カード制度などは認知度が低く、ものづくり人材などの技能者育成が中心であるといった課題もある。

他方で、正規雇用においても、生産性の高い職場で活躍できる高度人材の育成と、広く労働市場で能力評価が可能なシステムの整備が求められる。そのために、キャリアコンサルタントの育成、社会人向けプログラムの充実をはじめ、労働市場での評価の仕組みの確立、事業所や業種によらない教育訓練による能力の指標・評価づくりなど、より一層の改善・改革が期待されている。

2-4 おわりに

雇用形態の多様化と人的資源の活用は、人件費の抑制を目的になされていたため、現在の働き方にさまざまな影響を及ぼした。ILO（国際労働機関）では、ディーセント・ワーク（働きがいのある人間らしい仕事）を推進している。今後、雇用形態の多様化と人的資源の活用においても、ディーセント・ワークの視点からの見直し、再構築が望まれる。

【参考文献】

1）ウルリッチ『MBAの人材戦略』梅津祐良訳、日本能率協会マネジメントセンター、1997年
2）小峰隆夫・村田啓子『最新 日本経済入門（第4版）』日本評論社、2012年
3）日本生産性本部「第13回 日本的雇用・人事の変容に関する調査」2013年
4）日本生産性本部「2009年 労使関係白書『社会の公器』たる企業と労使の課題」2009年
5）労働政策研究・研修機構「社内公募制など従業員の自発性を尊重する配置施策に関する調査」『JILPT 調査シリーズ』No.33、2007年
6）奥西好夫「『成果主義』賃金の導入の条件」『組織科学』第34巻第3号、2001年
7）産労総合研究所「ホワイトカラーのキャリア開発支援に関する調査」2007年
8）佐藤博樹『人材活用進化論』日本経済新聞社、2012年
9）谷田部光一『キャリア・マネジメント―人材マネジメントの視点から―』晃洋書房、2010年
10）厚生労働省「平成20年版 労働経済白書」
11）厚生労働省「正社員転換・待遇改善実現プラン」2016年
12）厚生労働省「能力開発基本調査」2016年
13）総務省統計局「労働力調査」
14）日本経営者団体連合会「新時代の『日本的経営』―挑戦すべき方向とその具体策―」1995年
15）内閣府「成長のための人的資源の活用の今後の方向性」2013年
16）成瀬健生「雇用ポートフォリオ提言とこれからの雇用問題」『月刊レポート DIO』No.295、連合総研、2014年

第4章 新たな経営課題への挑戦と人的資源管理システムの整備

1 新たな経営課題、働き方改革、人材多様化と人的資源管理

1-1 はじめに確認しておくべき二つのこと

人的資源管理（HRM）のあり方を考えるにあたっては、次の二つのことを理解しておく必要がある。

第一は、人的資源管理のあり方や有効性の検討は、当該組織のもつ「経営課題の特性」と「保有する人的資源の特性」の双方をよく考慮したものでなければならないことである。

第二は、図表4-1にあるように、人的資源管理の施策や制度から、組織の成果に至るまでには距離がある（時間を要する）ことである。すなわち、施策や制度は、それが策定されただけでは、組織全体の業績確保や競争力、そして組織の成長につながることはない（古川久敬編著『人的資源マネジメント―「意識化」による

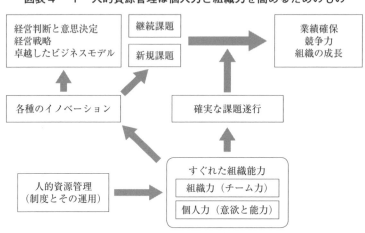

図表4-1　人的資源管理は個人力と組織力を高めるためのもの

出所：古川久敬編著『人的資源マネジメント―「意識化」による組織能力の向上』
　　　白桃書房

組織能力の向上』)。

つながるとすれば、その施策が適切で、かつ着実に運用されることで、経営課題を確実に遂行できる組織能力、すなわち、「個人力」(意欲と能力) と「チーム力」(協働と連携力) が生まれるときに限られる。

このことは、人的資源管理の施策や制度が、年功的であるか成果主義的であるかを問わない。いずれであっても、運用によって、「個人力」と「チーム力」の双方を高めることができなければ、組織全体の業績や競争力の向上につながることはない。

1-2　組織内外の新たな経営環境の動向

(1) 取り組む課題の変化

組織は、いつも二つの経営課題をもっている。一つは、既存の継続課題である効率化と生産性向上である。もう一つは、経験のない新たな課題の設定とそれへのチャレンジである。

①継続課題への取組み

2008年のリーマンショックの前から、わが国の内外で、あてにできていた前提が変わり、想定が崩れ、慣れ親しんだ発想が通用しなくなっていた。しかし、業績低迷が続く状況で、柔軟に考えるゆとりがなくなった。自ずと、従前からの課題 (継続課題) だけに取り組み、経営の効率化とコスト削減に注力してきた組織は多い。

そのために、人的資源への投資はままならなかった。製造も技術も営業も揃って保守的になり、リスクをともなう新たなチャレンジから遠のき、製品・サービスの価値向上も果たせなかった。

しかし、継続課題が自社の収益向上のために取り組むべきものである限り、それをさらに追求することは、これからも経営課題であり続ける。

②新規の未経験課題の開拓とそれへのチャレンジ

とはいえ、組織の充実した未来は、現在の先に必ずあるわけではなく、自ら切り拓く必要がある。全体として、組織も個人も、これまで経験したことのない状況を直視し、新たな経営課題を設定し、取り組まなければならないようになっている。

新規の未経験課題には、かつての反復や継続では対処できず、新たな着想と創造性が求められる。また、その実行においては、新たな方法とシナリオを考え出し、能動を基調としてプロアクティブ (proactive) に取り組み、組織内外の新たな関係者と協働と連携を図って軌道に乗せ、成果をあげていくことになる。

そして、継続課題での生産性向上と、新規の未経験課題の開拓とチャレンジでは、それに携わる個人やチームのマネジメントのあり方が異なる。

(2) 労働観の変化

この数年で経営状況の改善がみられる中で、わが国全体の人口減少、少子高齢化の進行もあり、労働力（人手）不足が起きている。労働市場は久方ぶりに売り手市場となり、中小企業における賃金の押上要因となっている。そして、労働観が変容している。

①働き方改革の動き

働き方改革を定着させるために、"働きやすく生産性の高い" 組織づくりが説かれている。これと関連して、一億総活躍社会を標榜して、残業時間の上限設定などにより長時間労働の是正を図ることで、女性や高齢者の就業率向上が目指されている。

働き方そのものとしては、インターネットの進化により、在宅勤務（テレワーク）も一般的になる。さらには、日本版の "同一労働同一賃金" を目指す計画も控えており、正規雇用労働者との給与格差の是正によって、非正規雇用労働者の意欲向上と、高付加価値産業への転職促進などが期待できるとされている（なお、正規と非正規の給与格差は、年功を反映している中高年齢層で大きくなることから、格差是正には、中高年齢層の正規雇用労働者の貢献度評価および給与体系の見直しも含まれると考えられる）。

②生産性向上の動き

働き方改革と関連して生産性向上の追求も必須とされ、その実現には、分母の縮減（人手と脱時間給）と分子の増加（高い付加価値を備えた仕事成果）が求められるようになっている。前述した「定型的な継続課題」であれば、具体的な手順・方略（プロセス）を示して取り組むことができる。しかし、高付加価値を追求するための「新規の未経験課題」に取り組む際には、目指す成果のイメージは設定できても、プロセスは従事者の発案や創造性に任せる "裁量的な働き方" になり、関係者への評価は、成果（結果）に傾いたものになりやすい。

(3) 人的資源のもつ特性の変化

人的資源の特性と構成は、組織によって異なる。社会や法的な要請、あるいは採用難という現実的な問題はあるとしても、基本的には、経営課題の実現を目指し

て、個々の経営者の意思や考えによって人的資源が採用されるからである。

①属性の多様化

その中で、大きな流れとしては、人的資源の属性、すなわち、性別、年齢、人種や国籍、障害の有無などの多様化は、年々進んでいる。また、一つの属性としての非正規雇用の割合も増加している（非正規雇用比率は、現在でも4割近くを占めており、今後、定年再雇用数が増えるにつれ、さらに高まるとみられる）。

加えて、特に新規の未経験課題へ取り組む中で、属性の一つとして、高度の専門性をもつ人材の採用も増加傾向を示している。

②個人的事情の多様化

属性の多様化が進む中で、これまで属性の中核を占めてきた、男性、日本人、正規雇用労働者においても、種々の個人的事情をもっている者が増えている。自ら病気を抱えている者、育児や介護に当たらなければならない者、仕事内容に制約をもつ者など、勤務の内容、場所、時間において、相応の配慮が望まれる人たちが増えている。

育児は、子どもにとってかけがえのないもので、親にとっても、まさにそのときでなければ当たれないものである。介護もしかりである。介護が必要となる状況は、親の年齢が80歳を超えると急増し、85歳以上ではほぼ半数の家族が介護の問題に直面すると推定されている。団塊の世代がその年齢に達するのは10年後なので、その子世代にあたる現在40歳代の人材が上級管理者として活躍する時期に、介護という個人の問題にも意思決定と対応を迫られることになる。

(4) 経営環境の三つの変化にどう対応するか

ここまでみてきた三つの経営環境の動向（取り組む課題の変化、労働観の変化、人的資源特性の変化）はそれぞれ、自社の重要な経営課題と関わる問題として直視すべきことである。そして、そのうえで、どのように考慮し、どのように対応するのかを、各組織が決めることになる。

動向を直視し、自社の人的資源管理に反映させることもできる。他方で、「うちはそれには向き合わない、取り入れない」という決定もできる。いずれも経営管理者が責任をもって決定することであり、基本的には、まわりがとやかくいえるものではない。ただし、いずれの場合も、その決定と実践にともなう効果と副作用を予期しておく必要がある。

1-3 組織能力の向上に向けて

「組織能力」とは、経営課題（継続課題および新規の未経験課題）に取り組み、確実に克服していける「個人力」（意欲とコンピテンシー）と、「チーム力」（協働と連携力）のことである。

以下では、前述したこれからの経営課題の特性、労働観の動向、および人的資源の特性変化を考慮しながら、必須の「個人力」と「チーム力」が生まれる原理とメカニズムを理解し、それをもとにマネジメントの具体的なあり方を明確にする。

(1) 個人力向上のマネジメント

まず、「個人力」の柱となる意欲と能力学習を促進するためのマネジメントについて、五つのことを述べる。

①成果の明瞭化

これからは、生産性向上や脱時間給の動きと相まって、人的資源管理の基本も、「時間をかけて働いていれば成果はついてくる」から、「明確にした成果の達成を目指して働き方を工夫する」に変化する。

したがって、仕事の成果をより明瞭に意識し、それを明示できることが求められる。もちろん、仕事の成果のみを強調すると、結果主義に陥ったり、はなから「私にはとても無理」とのあきらめを生む懸念も抱える。それを防ぐには、成果の明示と連動して個々の役割を明瞭にし、仕事に必要とされる能力と成果につながるKey Performance（KP：カギとなる効果的な活動）を、個人も組織も考え、言語化、明文化することが求められる。

②個別対応と計画性

そのような戦略性とともに、管理者層には、コーチングを含むマネジメント能力、育成能力が、より一層問われることになる。

働く個々人の条件が多元化することから、その確実な把握と対応が必要になる。また、仕事の配分や進捗管理にしても、その場しのぎは通用しないことになる。「何がいつ頃、発生するのか」、「誰がいつ頃、どうなるのか」を可能な限り予測して、仕事と人のマネジメントにあたらなければならない。このような個別、臨機の対応は、マネジメントにかかわるコストを押し上げる。

③報酬と意欲づけ

　報酬には、「経済的報酬」と「心理的報酬」の２種類がある。いずれの報酬も、それが納得できる形で得られることで意欲を生み、能力学習につながる。

　ただし、両者の間に違いが二つある。一つは、経済的報酬（給与）に対する納得感（公正感）は総じて低い。多くの企業で、自分の役割や職責に相応した給与をもらえておらず、不公正や不満を感じている個人の割合は多い。人は、ネガティブバイアスによって、充足より不足の方により敏感であることによる。

　もう一つは、経済的報酬（給与）は、一定程度以上もらうと、その重要度は頭打ちになり、納得感や公正感との関連は弱くなる。他方、達成感、承認、成長感などの心理的報酬は、得るほどに重要度が高まり、さらに欲しくなることが実証されている。

　すなわち、個人の意欲は、経済的報酬（給与）の多寡を操作すれば制御できるわけではない。可能な限り、公正感や納得感をともなう給与を用意したうえで、達成感、承認、成長感（同僚や部下からの感謝、笑顔などを含む）を実感させられるかどうかが、意欲マネジメントのカギである。

④仕事の意義づけ

　心理的報酬と関連して、取り組む仕事の意義づけも、意欲と能力学習に大きな効果をもつ。

　仕事への取組みには、三つの段階がある。すなわち、(ⅰ)よしやるぞ、やってみようという「着手」（取り組み始める）段階、(ⅱ)続けよう、粘ろうという我慢と辛抱の「中途」段階（時間のうえでは、これが一番長い）、(ⅲ)やってよかった、次もやろう、次こそ成功させようという「完了・結果」段階である。

　結果評価と処遇は、これら３段階の最後にしかこない。意欲のマネジメントからすると、それに先立つ着手段階と中途段階が重要である。着手段階と中途段階をおろそかにして、期待する結果は出ない。

　心理的報酬（達成感、承認、成長感など）の芽は、仕事の着手段階で、取り組む仕事の「意義、意味、価値」を感じられることで膨らむ。意義、意味、価値を感じられる仕事こそが、働きがいのある仕事に他ならない。

　取り組む仕事が、(ⅰ)会社、職場や同僚にとって、(ⅱ)顧客や社会にとって、(ⅲ)自分自身の成長にとって、意義があり、価値をもたらすと感じられるときに、やりがいと意欲を生む。会社や職場、顧客や社会にとって意義があるだけでは長続きで

図表4-2 報酬にかかわる公正感

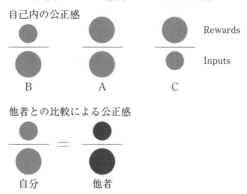

きない。また、自分にとって意義があるだけでは独りよがりになってしまう。3者を満たせるのが理想である。

⑤中高年再雇用労働者には公正感の提供が不可欠

受け取る報酬の納得感には、その報酬の多寡とともに、二つの「公正感」が関係している。

第一は、自分が受ける報酬の公正感（自己内公正）で、図表4-2にあるように、「Inputs」と「Rewards」の釣り合いがポイントである。頑張った分だけ、報われていると感じられれば（A）、公正と感じる。頑張ったのに、報われていないと感じられれば（B）、不公正と感じる。思った以上に報酬を受ける場合（C）も不公正であるが、少し引け目を感じることはあっても敏感には反応しない。

第二の公正感は、他者との比較（比較公正）によって生まれる。自分の報酬を組織外部と比較する場合は、比較公正感をもちにくいところがある。外部は恵まれていると推察しやすいし、恵まれているところを比較対象にしやすい。他方、内部や同僚と比較する場合は、比較公正感をもちやすい。会社や同僚の状況を知っているから、納得しやすいところがある。

キャリアを積んできても、再雇用になると給与が下がる。しかし、皆がそうなので、それ自体の不公正感は強くならない。しかし、心理的報酬の補填、特にまわりからの承認や頼りにされる機会がないと不満は募る。

(2) チーム力（協働と連携力）向上のマネジメント

これからは、人的資源の属性の多様化や個人的事情の多元化が進み、職場内に対

人的な緊張が高まる。また、新規の未経験課題への取組みにおいては、自職場で完結できる時代は終わり、他部署、他部門、あるいは他社との連携や協働を構築できることが必須条件となってきている。すなわち、「チーム力」の確保と向上が強く問われる時代になってくる。

①自職場内において

多様性は、創造性創出にプラス効果を生む可能性を秘めているが、その前に、潜在的な「壁」や「溝」を顕在化させ、チーム力を脅かす。前述した個々人の仕事内容と役割の明確化も、同じ方向で作用する。

壁も溝も、組織における活動とは独立して、単に"違うこと"に起因して、根源的にいつも出現する可能性がある。言い方を変えれば、一定数の個人が集まると、必ず成員間で何らかの違いが意識され始める。これは、互いを"分かる"ために、互いを"分ける"（分類する）という、人間のもっている普遍的な情報処理や理解の仕方に端を発している（古川久敬『「壁」と「溝」を越えるコミュニケーション』）。

すなわち、個人間の多様性の高まりは、職場やチームに、潜在的な線引き（壁や溝）を内在させる。そして、それは何か（出来事ややり取り）をきっかけとして顕在化する。米国の研究総括によると、(i)集団内の多様性は、創造性に貢献するときもあれば、対人的緊張によるガタガタ状態をもたらすこともあり、(ii)創造性につながるのは、その集団が、多様性への耐性と多様性をうまく運営できる自信があるときであるとされている（Van Knippenberg & Schippers, Work Group Diversity, *Annual Review of Psychology*）。

②部署間、部門間、他組織との連携において

新規の仕事イノベーションを進めるにあたって、それが大きな成果をあげそうなものであればあるほど、他との連携（新たな関係づくり）や協働が必要で、自職場（部署）完結の活動では、今や限界がある。

しかし、もともと異なる組織（部門）同士であるだけに、自他それぞれに思惑や利害が潜在していて、実際に連携と協働を進めることは容易ではない。部門間や関係者間でコミュニケーションをよくとれば解決するように思われているが、現実はそうではない。

筆者が最近行った調査では、接触頻度が多くなるほど、相手との間に壁や溝が生じることが示された。挨拶や総論の意見交換程度であれば特に壁や溝は生まれないが、具体的な議論や検討に入ると、互いの違いが露呈し、壁や溝が浮かび上がる。

図表4－3　「壁」と「溝」を越えるための「共にみるもの」の設定

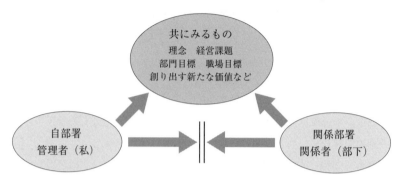

出所：古川久敬『「壁」と「溝」を越えるコミュニケーション』ナカニシヤ出版

動けば壁や溝が生まれるからといって、動かないわけにはいかない。今日、新しい課題に取り組むには、他部署との新たな関係づくりは必須である（古川久敬「組織における部署間連携による創造革新：連携に付随する『壁』や『溝』とその発生契機」『日本経済大学大学院紀要』）。

③共にみるもの――壁と溝を越えるために

横たわる壁と溝を越えた感じをもち、連携と協働が進み、成果につなげるために、筆者は「共にみるもの」を設けることの効果を裏づけている。共にみるものとは、組織の理念や経営者の提示するビジョン、経営課題、部門や職場の目標、そして関係者同士で合意、設定した事柄が含まれる。その他、外圧や経営者の鶴の一声も「共にみるもの」の一つであり、同様の効果をもちうる。

図表4－3の「自部署」と「関係部署」のところをみていただきたい。管理者（私）と関係者（部下）などと置き換えてもよい。お互いが対峙しているだけでは、壁や溝が意識されてしまうが、「共にみるもの」が適切に設定できれば、壁や溝を越えた感じをもち、協働と連携の動きをつくり出すことができる。

組織において、経営理念やビジョンが提示されるだけでなく、第一線の現場まで浸透することの大切さが説かれる理由はここにある。理念、経営課題、ビジョンは単なる飾りではない。直面する壁と溝を越えるために「共にみる、共に感じる」ものの一つとして、かけがえのないものである。

④シニア・イノベーター（中高年再雇用労働者）

壁や溝を越えるために、「シニア・イノベーター」にも期待したい。シニア・イ

ノベーターとは、筆者の造語であるが、すでに役職を離れてはいるが、社内事情に精通しており、今まで積み重ねた知恵をもつシニア社員のことである。シニア社員の人脈は広い。視野の広げ方や物事のとらえ方、粘り強さ、対人折衝のコンピテンシーは普遍的である。こうしたシニア社員を、「共にみるもの」設定の促進役、そしてイノベーターとして活用したい。

1－4　目標管理制度の本質と活用

　「個人力」（意欲と能力学習）向上において、「仕事の意義づけ」の重要性とその効果性を理解した。また、「チーム力」（協働と連携）向上のために、「共にみるもの」の効果性を理解した。こうしてみると、新規の未経験課題を解決し、働き方の見直し、人的資源の多様化に対処するマネジメント方略として、「目標管理制度」を活用できることが明白である。

　目標管理制度の本質は、評価や処遇ではない。結果のみを注目（強調）する結果主義であれば、弊害は大きい。

　目標管理制度の本質は、上司と部下の間で、(ⅰ)面談を通して「共にみるもの」を設け、(ⅱ)取り組む課題の意義と価値を確認し、(ⅲ)成果に至るプロセスを意識化し、(ⅳ)それに至る Key Performance やプロセスを意識化し、(ⅴ)確実に実践につなげるという PDCA サイクルを回す制度（マネジメントツール）である。評価と処遇は、その後にしかこない。

　目標管理制度は、意欲づけの機能と能力育成の機能を同時に備えている。実践の結果と過程を振り返り、うまくいく法則や失敗を避ける法則を学習し、次に活かすことができるのである。これらにより、組織能力（チーム力と個人力）が培われ、蓄積される（これらの議論の詳細は、古川久敬編著『人的資源マネジメント―「意識化」による組織能力の向上』を参照）。

2｜新たな時代に向けた人的資源管理システムの整備

2－1　変化する経営環境とこれからの進展

　いつの時代も企業を取り巻く経営環境は変化し続けているが、現在の経営環境の変化の速さは「dog year（犬の加齢速度）」ともいわれ、人間の約7倍の速度で加齢する犬と同様の速度で急速に変化している。

こうした時代にあって、われわれは意識的に7倍の速度感覚をもって環境の変化に対応することが求められており、それに遅滞することは致命的ともなる。なぜならば、企業は必要とする経営諸資源（ヒト、モノ、カネ、情報、時間など）のいずれも経営環境から調達（インプット）しており、さらには製品やサービスという形に統合・処理し、市場という経営環境に供給（アウトプット）を行う存在である。経営環境が加速度的に変化することは、そこに存在している経営諸資源自体も、質的・量的側面において加速度的に変化していることを意味している。

経営環境の変化の見落としが、求める人材をめぐるミスマッチや、商品開発やサービス展開におけるズレを生じさせている。こうしたことからも、企業は経営環境適応の統合体であるといえ、そこにおける人的資源管理システムのあり方についても同様、常に経営環境の変化に対応したものでなければならないのである。

2-2 人的資源管理をめぐる実態と変化

(1) 労働環境の変化

最近の労働環境に関する話題の一つに、「労働時間のあり方」がある。一例として、法定労働時間を大幅に超える労働現場の存在が社会問題化し、いわゆる「ブラック企業」としてSNSなどを通じてその実態が広く知られることとなり、当該企業の経営に深刻な影響を与える事態が発生している。

こうした労働時間超過については、業種の違いや個別企業の管理のあり方に起因することも多いが、厚生労働省の「毎月勤労統計調査」から、2007年〜2016年の5人以上規模事業所における月間総実務労働時間の推移をみてみると、リーマンショック前の2007年時点の150.7時間に対し、2016年時点では143.7時間と減少傾向にある。この背景には、当該期間における所定外労働時間が横ばいであったのに対して、所定内労働時間が2007年の139.7時間から2016年の132.9時間へと6.8時間の減少となったことがある。

また、一般労働者については、月間総実務労働時間が2007年の170.6時間から2016年の168.7時間に減少しつつも、所定外労働時間については4％の増加となっており、このことは緩やかな景気回復の中で、一般労働者の労働時間が実質的に長時間化していることを示している。加えて、パートタイム労働者の月間総実務労働時間は2007年の94.0時間から2016年の87.5時間へと減少し、所定外労働時間は横ばいである一方、所定内労働時間は2007年の91.2時間から2016年の84.7時間へと減少

しており、このことはパートタイム労働者が週34時間以下のより短い労働時間で就業するケースが増えてきている事実（2007年：806万人→2016年：1,025万人）を反映している。

(2) わが国の労働生産性

　労働者一人当たりの付加価値を示す指標である労働生産性については、名目労働生産性と実質労働生産性の両方が、OECD（経済協力開発機構）諸国の中で低い水準にとどまっているのがわが国の現状である。ただし、名目労働生産性と実質労働生産性の上昇率の比較において、後者が前者を上回る国は主要先進国の中で日本のみであり、これには、前述したパートタイム労働者の短時間就労傾向が大きく影響している。加えて、就業者数の減少がわが国の労働生産性を押し上げており、少子高齢化にともなう就業者人口の減少に向けた対策の整備が急務とされる。

(3) 少子高齢化の現状

　わが国は少子高齢化の中、生産年齢人口の減少により労働力が急速に減少する一方で、最近の緩やかな景気回復による労働需要の高まりが、労働力の需給バランスの悪化を加速させている。総務省統計局「労働力調査」によれば、わが国の労働力人口（15歳以上人口のうちの就業者と完全失業者の合計）は1998年の6,793万人をピークに減少の一途にあったが、最近は景気回復の中で増加傾向にあり、2016年では対前年比50万人増の6,648万人となった。要因として、医療・福祉関係、金融業、保険業での増加があげられるが、一方で建設業や製造業は減少傾向にあり、産業別にかなりのバラツキが生じている。

　次に、わが国の総人口の推移についてみると、2030年の1億1,622万人が2060年には8,674万人へと約25％の大幅な減少が予想される。14歳人口が2030年の6,773万人から2060年の4,418万人へと35％減少するのに対し、総人口に占める65歳人口の割合は、2030年の32％から2060年の40％へと増加することが予想されている。

　こうした状況を受け、高齢者（60～64歳）の就業者数は2004年の高年齢者雇用安定法の改正を機に急増し、2016年には519万人（就業率63.6％）となっている。また、大企業の99.9％がすでに65歳までの雇用確保措置を実施しており、今後の高齢労働者受入基盤については整備されているといえるが、総人口の減少と引き続く高齢化が、わが国の今後の労働力供給のさらなる制約要因となることは必至であり、

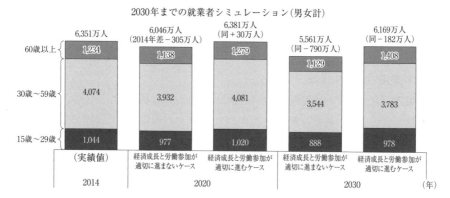

図表4－4　将来の就業者数

出所：厚生労働省「平成28年度版 労働経済白書」

65歳以上の就業可能な労働者の有効活用が不可欠かつ急務とされる（図表4－4）。

(4) 就業実態にみるミスマッチング

総務省の同調査によれば、2017年4月の有効求人倍率（季節調整値）は1.48倍となり、バブル最盛期であった1990年7月期の1.46倍を超え、1974年2月以来43年ぶりの高水準となり、まさに売り手市場の状況を呈している。その一方で、2018年8月期の完全失業者数は170万人となり、99ヵ月連続の減少傾向をみせているが、求人条件と希望職種とのミスマッチングによる未就業者は、2016年時点で144万人に及んでいる。なかでも、「希望する種類・内容の仕事がない」とする者が55万人と最多であり、「求人の年齢と自分の年齢の不適合」が32万人、「勤務時間・休日などの条件が希望に合わない」が26万人と続いている。非労働力人口のうち就業を希望する者においては、「適当な仕事がありそうにない」とする者が106万人、「勤務時間や賃金などが希望に合う仕事がありそうにない」が42万人に及び、「出産・育児のため」が86万人となっている。

また、非正規雇用労働者を選択した者がその理由としてあげているのは、「自分の都合のよい時間に働きたいから」が27.2％と最も多く、自身の生活スタイルや勤労観に応じて柔軟な勤務体制を選好していることがうかがえる。

こうした現状から明らかなことは、労働力の不足という量的問題だけではなく、即戦力となりうる労働力が存在するのに、勤務形態における質的問題によって有効

に活用されていないという事実であり、多様化する労働者の就業動機を踏まえた柔軟な雇用方法を積極的に取り入れることが、これからの企業にとって喫緊の課題とされる。

2-3 これからの人的資源管理システム

(1) 働き方重視の人的資源管理

　安倍内閣は、2017年を「働き方改革、断行の年」と位置づけ、「同一労働同一賃金」と「長時間労働の是正」を改革の二本柱に掲げた。2018年6月に成立した働き方改革関連法（正式名称：働き方改革を推進するための関係法律の整備に関する法律）は、日本経済再生に向けた最大のチャンスを働き方改革に求め、「働く人の視点に立って、労働制度の抜本改革を行い、企業文化や風土も含めて変えることで、働く方一人ひとりが、より良い将来の展望を持ち得るようにする」というものである。そして、この働き方改革こそ、わが国の労働生産性を改善するための最良の手段であるとし、生産性の向上による成果を働く人に分配することで、賃金を上昇させ、需要拡大を通じた成長を図る「成長と分配の好循環」を実現しようとするものである。

　具体的な内容としては、①正規、非正規の不合理な処遇の差の解消、②「非正規」という言葉の一掃、③長時間労働の解消および長時間労働を良しとする風潮などの一掃、④単線型キャリアパスの改善、の4項目であり、とりわけ本計画の中心となる同一労働同一賃金については、①基本給の均等・均衡待遇の確保、②各種手当の均等・均衡待遇の確保、③福利厚生や教育訓練の均等・均衡待遇の確保、④派遣労働者の取扱い（派遣先の労働者と職務内容、職務内容・配置の変更範囲、その他の事情が同一であれば同一の、違いがあれば違いに応じた賃金の支給、福利厚生、教育訓練の実施）の4点を主たる内容としている。

　労働生産性の向上に関しては、年率3％程度をメドとして最低賃金を引き上げ、全国加重平均が1,000円となることを目指すとされている。同時に、中小・小規模事業者の取引条件の改善に向けた方策として、手形払いの慣行を断ち切り現金払いとすることなど、改革のすそ野は相当に広く、影響はきわめて大きいものと予想される（第5章-2参照）。

　また、柔軟な労働環境の整備も不可欠であるとし、具体策として、①雇用型テレワークのガイドラインの刷新により、在宅勤務形態のみならず、サテライトオフィ

ス勤務やモバイル勤務の可能化、②非雇用型テレワーク（雇用契約によらない勤務）促進、③副業・兼業の普及促進、による子育てや介護と仕事との両立を図ろうとしている点も興味深い。

本計画は現時点ではガイドライン案であり、その実現に向けて、パートタイム労働法、労働契約法、労働者派遣法などの関連法令の改正が必要とされるとともに、中小企業を含む企業を対象とした周知期間が必要とされることから、その実現までには、まだしばらく時間を要するものと思われる。

(2) これからの人的資源管理

働き方改革は、働く人の視点からの労働制度改革である。従前は、人材について企業に雇用されるために必要な能力を中心に議論が展開されてきたが、今後は「労働者の（企業に）雇用される能力（employability）」以上に、労働価値観の多様化と勤労意識の柔軟化をみせる現代の働き手を活用する能力としての「企業の（労働者を）雇用する能力（employmentability）」が問われることとなる。

24時間営業を売りとしてきた牛丼チェーン店の「すき家」（株式会社ゼンショーホールディングス）は、サービス重視の経営方針が結果的に劣悪な職場環境を生み、ブラック企業としての批判を受けるに至ったが、深夜勤務の人出が確保できない店舗の営業時間短縮や、パートタイマーとアルバイト全員の時給の見直し（アップ）、地域正社員や契約社員の採用などによる改善を断行し、その汚名を晴らすことに成功した。まさに、企業による「雇用する能力」が発揮された好例といえる。

就業とは、労働者一人ひとりによる自身の生活維持・防衛のためのリスク回避（リスク・ヘッジ）、予期せぬ倒産や解雇といった経済上のリスクの受入れ（リスク・テイク）という二面性を有するが、自己啓発ならびに自己実現の機会でもある。こうした機会に際して重要なことは、労働者が自らの能力やキャリアに対する正当な評価を受けることである。そのためには、360度からの多面的な能力評価や人事考課が適正に行われることが重要であり、あわせて、労働者自身による適切な自己評価も不可欠である。

わが国が今後直面する課題は、少子高齢化による生産年齢人口の減少にともなう労働力の減少であるが、一方では高齢者や非労働力人口の中に、一定規模の就業希望者が存在している。緩やかな景気回復により雇用需要が高まってきている中、これらのマッチング次第では、日本の産業活力と企業活力の両方を押し上げることが

第4章　新たな経営課題への挑戦と人的資源管理システムの整備

図表4－5　日欧の賃金制度、雇用慣行の比較

欧州（ドイツ、フランス）		日　本
・産業別労使関係が基本 ・産業別労働協約で職種・技能グレードに応じた賃金率を決定。正規従業員・非正規従業員を問わず適用	賃金制度	・企業内労使関係が基本 ・企業によって賃金制度の内容は多様
・採用は、ポストが空いた時に経験者・有資格者を対象に行われ、職務限定契約を締結 ・多くの場合、キャリアルートは特定職務内に限定	雇用慣行	・新卒・実務未経験者の採用が主流。低い若年層の失業率に大きく貢献 ・ローテーションにより、さまざまな職務を経験させてキャリアアップを促す社内人材育成システムが確立

出所：日本経済団体連合会「2017年度版 経営労働政策特別委員会報告」

可能になる。

　また、これからの新たな人的資源管理システム構築に向けた施策として、経営資源としての「労働時間」の柔軟かつ有効な活用がある。例えば、高齢者や女性の短時間労働希望者の活用や、自己能力開発およびスキルの向上・習得に向けた時間の確保が、現在の就業希望者がもつ就業動機とのマッチングを可能とするであろう。

　加えて、「労働時間（勤務時間）のモジュール化」という一策についても、検討の余地がある。前述したように、非正規雇用労働者を選択した理由として、「自分の都合のよい時間に働きたいから」をあげている者が27.2％と最も多い。また、86万人が出産・育児を理由に就業できておらず、有効な労働力の相当量を喪失させている。こうした現状を考えると、始業・終業時間を固定化せず、例えば1日の労働時間を30分単位のモジュール編成とし、労働者一人ひとりが自分のライフスタイルに合致した柔軟な勤務体制をとることが有効になるだろう。30分出社時間を遅らしたり退社時間を早めたりすることで、幼稚園の送迎バスの時間に間に合い、就業が可能になったり、短時間勤務によって育児と就業の両立が可能になったりするケースが想定される。あわせて、裁量労働制の範囲拡大や週休3日制導入の有効性も高いと思われ、これらの施策に対する理解と拡大が望まれる。

　終身雇用や年功序列、企業内労使関係、新卒定期採用や定年制などの雇用慣行が、わが国の経済社会の発展に果たしてきた役割は大きい。いわゆる「就職」型雇用というよりは、「就社」型雇用が一定の秩序と安定を確保してきたのである。今回の働き方改革が掲げる同一労働同一賃金の実現においても、こうした日本固有の

事情を踏まえた「日本型同一労働同一賃金」に修正することが必要とされる。

　日本経済団体連合会「2017年版 経営労働政策特別委員会報告」は、「職務内容や仕事・役割・貢献度の発揮期待などの多様な要素を総合的に勘案し、自社にとって同一労働と評価される場合に同じ賃金を支払うことを基本とし、正規化や教育訓練の充実など、非正規労働者の総合的な待遇改善を推進することによって、雇用形態にかかわらない均等・均衡待遇の確保につながる」とし、日本型同一労働同一賃金としてのガイドライン案を提示している。

　また、人口減少傾向の中、不足する労働力を外国人労働力によって補うことも不可欠とされる中で、従前の日本人による日本人を対象としたローカルルールに基づく雇用環境から、今後はグローバルルールに基づく雇用環境整備に向けた変革を進めなければならない。すなわち、労働や生き方に関する価値観などの違いを踏まえた国際標準の人的資源管理システムの整備が求められており、従前の「縛られた雇用」から「解放された（柔軟な）雇用」へと変革することで、国内外から優秀な人材をより多く確保することが可能となる。その結果、労働生産性が向上し、わが国の経済基盤の強化が図られるのである。

　「働き方改革」は同時に「生き方改革」でもあるべきであり、雇用する側（企業）と雇用される側（労働者）双方における意識改革が不可欠である。そのために、ヒト・モノ・カネ・情報・時間という経営資源間でのシナジー効果（相乗効果）を実現させることが、新たな時代に向けての人的資源管理システムの整備上の課題と位置づけられるのである。

3 | 働き方改革と労働生産性向上への取組み

3-1　働き方改革の目指すもの

　2018年6月、政府がそれまで最重要課題の一つに掲げてきた「働き方改革関連法案」が国会を通過し、人々の働き方を変えるための法律改正が行われることになった。厚生労働省は、少子高齢化の進展にともなう生産年齢人口の減少や働く人々のニーズの多様化という経営環境下において、投資やイノベーションによる生産性の向上とともに、就業機会の拡大や意欲・能力が充分に発揮できる環境をつくることが課題であるとし、これらの課題解決のために、働く人々の置かれた個々の事情に応じ、働く人々がよりよい将来の展望をもてることを目指すのが、働き方改革であ

るとする。

　この目標に向かって改正されたのは、①労働基準法、②雇用対策法、③労働安全衛生法、④じん肺法、⑤労働時間等設定改善法、⑥労働契約法、⑦パート労働法、⑧労働者派遣法の8法であり、これらを「働き方改革関連法」と総称する。働き方改革関連法のねらいとしては、大きく分けて次の二つがあげられる。一つは、長時間労働の改善であり、もう一つは、短時間労働者、有期雇用労働者と正規雇用労働者との待遇格差の解消、いわゆる「同一労働同一賃金」の実現である。

　ここでは、働き方改革関連法が施行され、それらがねらい通りの効果をあげるために必要なことを、働く側（労働者）と働かせる側（企業）の両面から検討したい。なお、ここで用いている「キャリア」という言葉の意味は、それを狭義にとらえ「職業上のキャリア」として議論を進める。

3-2　働く側の「働き方改革」

(1)　従来の働き方とキャリア

　働き方改革でいわれる「働き方」の主体は、働く人々（労働者）である。働き方改革関連法は、企業における人的資源管理に規制をかけることで、管理される人々の働き方を変えようとするものであると考えられよう。したがって、働く側（労働者）の働き方の変化をみる必要がある。

　まず、労働時間の考え方についてみてみよう。生産現場におけるブルーカラー労働者は、時間、場所、仕事の仕方のすべてが厳格な拘束の下におかれることが常であるため、労働者自身も"働いている時間"の感覚はもちやすく、私生活との線引きが容易である。長時間に及ぶ場所や決まった手順による拘束は、肉体的にも精神的にも高いストレスを生むことから、また、労働現場の安全衛生の面からも労働時間規制が必要となり、固定的労働時間管理がなされてきた。

　他方、ホワイトカラー労働者についてはどうだろうか。元労働基準監督官の北岡大介氏によれば、生産現場（工場労働）と比べれば、ホワイトカラー労働の多くは、時間・場所的拘束が緩やかであるうえ、業務の遂行方法や時間配分が労働者本人にゆだねられる面が多分に存在していたことから、1990年代前まではホワイトカラー労働者に対する労働時間法制の適用、特に量的規制を厳格に適用するという意識は極めて薄かった。つまり、もともとの業務遂行条件が柔軟だったので、労働時間管理の量的規制についても、柔軟な対応がなされていたということである。

しかし、日本の経済力が高まると同時に、日本の長時間労働は国際的にも改善を促される事態となる。ちょうど1987年に、それまでの週48時間から週40時間への労働時間短縮が労働基準法改正で実施された頃である。さらに、職場のメンタルヘルス問題が増大する職場環境になり、人々の労働時間への関心が高まったと考えられる。

一方で、ホワイトカラー労働者の働き方は、サービス経済化の進展とも相まって、固定的に規定することが難しくなってきている。それにもかかわらず、固定的な労働時間管理下におかれることにより、ブルーカラー労働者と同様に、所定労働時間の超過分を時間で補完せず、賃金で補完することが定例化した。「残業代が減ったため、収入が減り、生活が苦しくなった」というサラリーマンの言葉は、いまだに少なくない。

この点について、もともと低い賃金水準を補う手段として、超過勤務の恒常化を認める風潮が醸成されたとの見方もある（渡部あさみ「所定外労働時間削減における労働組合の役割―A社の事例から―」『労務理論学会学会誌』）。長時間労働の恒常化、あるいは、消極的肯定―本来的には否定すべきであるが、諸事情によりやむをえず認めている状態―は、"正規雇用なら当たり前"という意識を定着させ、時間外勤務をしない、できない労働者を"当たり前でない"グループに入れてしまうことになる。

こうして、長時間労働を可能にする立場でいられる人が、現在のキャリア継続を可能にすると考えられる傾向がある。例えば、育児休業から復帰する女性が、子どもが一定年齢に達するまで短時間勤務制度を利用する場合に、その傾向が顕著にみられる。それらの女性労働者は、「時短だから、高い評価は望めない」、「残業ができないから、責任ある仕事は任せてもらえなくても仕方がない」という。子育てと仕事を両立させたいという気持ちが、いつの間にかマミートラックへと彼女たちを入れ込み、仕事に対するモチベーションをもてなくすることも知られている。

(2) 多様化する働き方とキャリア

前述のようなキャリア継続に悩まされるのは、女性労働者に限らない。親族の介護や自らの病気の治療などを抱える人々についても、同じようにみられる。そうした人々は、やりがいを感じられるキャリアをもち続けることができないのだろうか。

時短制度を利用する女性労働者たちは、時短利用者は残業しないことを制度利用の前提としている。前述したように、長時間労働が恒常化しているので、正規雇用

労働者は、残業があって当たり前と思っているからだ。しかし、実は、保育環境の改善をはじめ、子育て支援サービスや施策の充実などから、残業がなければ、時短制度を利用しなくても、子育てと仕事の両立は可能になってきている。この点で、「人的資源の損失＝生産性向上への寄与の損失」を招いていると考えられないだろうか。

　また、今や働く人の4割に迫ろうとしている非正規雇用労働者についてはどうだろうか。ここで、パート労働者がパートを選択した理由をみてみよう。厚生労働省「平成28年 パートタイム労働者総合実態調査」によれば、「自分の都合のよい時間（日）に働きたいから」が57.0％（複数回答）と最も多い。男女別にみると、男性が47.9％、女性が60.2％である。59歳以下では、すべての年代においてこの理由が1位であるが、「家庭の事情（育児・介護等）で正社員として働けないから」が、男女合計ではあるが、他の年代と比較して30〜39歳の年代で比較的高く、31〜35％である。この年代は、女性の労働力率がいわゆるM字カーブを描く底の年代にちょうど重なり、その理由の多くが、子育て期に当たることと考えられている。この年代の人々が、長時間労働、残業ありきの正規雇用労働者としての働き方を避けざるをえない状況にあるのならば、高学歴化の進んだわが国の人材が有効活用できていないことになる。

　では、「長時間労働、残業ありきの正規雇用労働者」という考え方は、誰が規定してきたのだろうか。わが国の雇用慣行に基づく管理の仕方においては、要員管理の部分から一人の業務量が多くならざるをえないという議論はある。さらに、日本人の能力の高さと勤勉さが、それらを吸収してきたのも事実である。長時間労働を当たり前とする正規雇用労働者の姿は、管理する組織と管理される労働者の双方でつくり上げてきたものだろう。

　しかし、時代は変わり、多様な状況におかれた人々が労働の場に参加している今、今後の労働力不足に対応するためには、これまで周辺的労働力と考えられてきた人々にも、労働の場に本格参入してもらうことが期待される。価値観も多様化し、自分のキャリアを自分自身でつくり管理することが、個人的にも社会的にも望まれるようになった。子育て世代のみならず、団塊世代が高齢化していくに従い、介護を必要とする人たちも必然的に増加する。また、二人に一人が悪性腫瘍に罹患するといわれ、高まるストレス状態でメンタルヘルス不全をきたす労働者が後を絶たない時代になっている。こうしたさまざまな変化を受け、働く側も従来の価値観

を変えざるをえない状況に直面している。

3-3　働かせる側の「働かせ方改革」

　働き方改革関連法は、もとより企業における人的資源管理に改正法に則った変更を迫るものである。労働者の「働き方改革」は、それを管理する企業の「働かせ方改革」なくしてはなしえない。

　内閣府の「ワーク・ライフ・バランスに関する個人・企業調査」によれば、1日の労働時間が多い職場に勤める人ほど、一人の業務量が多く、職場の中で業務量のバラツキがあると感じており、しかも、そうした仕事が自分自身の統制下でできていない（自律性がない）と感じている。それらに加えて、まわりにも気を遣い、自分の仕事が終わっても退社しにくいと考えている（図表4-6）。また、労働時間が多い人ほど、上司は残業している人に「がんばっている」、「責任感がある」など、肯定的イメージをもっていると想定しており（図表4-7）、そのことによって、自身の労働時間を短くすることに抵抗を感じていると推測される。なお、同調査では、労働時間の長い人ほど、残業している職場の同僚について、肯定的なイメージをもっているとしている。

　実際に、ホワイトカラー労働者に関していえば、まだ、労働時間規制について厳格に管理されていなかった1990年前後に入社した人々が、現在、ちょうど管理職の立場におかれている年齢と考えられる。それらの人々が、自分たちの働き方に照らして、長時間労働を抑制する意識をもてていないのではないだろうか。長時間労働を肯定しない方向に意識が転換できているかを点検する必要がある。

　さらに、与えられた業務を残業せずに達成する人や部下に残業させない上司を生産性の高い人、マネジメント能力の高い人として評価し、人事評価に反映させるべきである。もともと、一人の業務量が多く見積もられている全社的要員管理の下では、管理者は担当部署の業務配分について矛盾を感じる可能性が高い。そうした場合に、柔軟に要員の増減ができる仕組みをつくらなければならない。例えば、現場の業務量を優先して人員配置できるよう、採用や異動に関してライン管理者からの情報を常に吸い上げ迅速に対応する、あるいはそうした権限の一部をライン管理者に委譲するなど、人事部門がライン管理者を支援する機能を強化する必要があるだろう。

　つまり、時間的要素を評価基準から排除し、どれだけ密度の高い時間の使い方を

図表4−6 1日の労働時間別職場の特徴(複数回答)【正規雇用労働者】

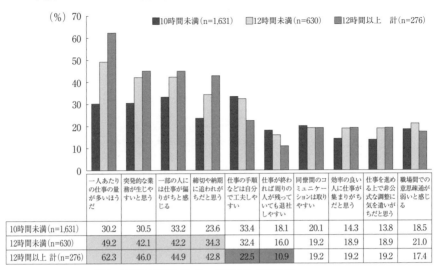

出所:内閣府「ワーク・ライフ・バランスに関する個人・企業調査」

図表4−7 1日の労働時間別「上司が抱いている残業している人のイメージ」(想定)

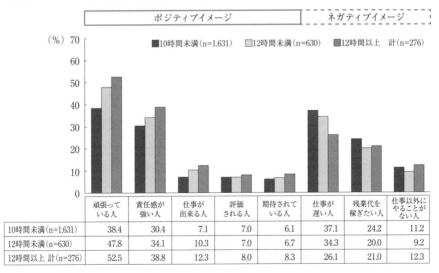

出所:内閣府「ワーク・ライフ・バランスに関する個人・企業調査」

して成果を出したかを基準とした人材評価に転換しなければならない。この考え方に従えば、ホワイトカラー労働者に一律に固定的労働時間管理をすること自体が意味をなくすことになる。また、業務を担う労働者一人ひとりに、業務遂行に関する自律性をもたせるような権限委譲も必要である。

昨今、企業では、労働者のキャリアの自律的管理が叫ばれているが、企業が責任をもつことが困難になった個人のキャリア問題だけに焦点をあてた議論に、果たして実効性があるのかどうか再考しなければならないだろう。キャリアの自律性もまた、それを可能にするための自己啓発、能力開発ができる時間がなければ獲得できない。

3-4 生産性向上へ向けて

働き方改革関連法案が審議される中、柔軟な労働時間管理をめぐっては、大きな議論となった。特に、「特定高度専門業務・成果型労働制」、いわゆる「高度プロフェッショナル制度」の創設と裁量労働制の対象拡大についてである。後者は、厚生労働省の調査データ不備がみつかり、結果的には法案から削除されたが、前者は、労働基準法の改正に盛り込まれ、2019年4月1日から施行される運びとなった。

労働時間を働く人の裁量にゆだねることについて、国民の間にも賛否両論があった。働きすぎ、長時間のただ働きを容認するとして、最後まで強い抵抗があった。しかし、少なくともホワイトカラー労働者については、固定的労働時間管理より柔軟な労働時間管理にしなければ、長時間労働はなくならないのではないだろうか。長時間労働が抑制されなければ、従来型の管理方法に従う男性正規雇用労働者のみでグローバルな経済的競争に生き残っていかなければならなくなるだろう。しかし、これまで通りのやり方で、すでに形成されている多様な就業形態の人々からなる労働市場から、質・量ともに理想とする労働力を確保できるだろうか。答えは、否である。超過分の労働に費やされるマンパワーにも企業の支払い能力にも限界はある。

労働者が、充実感をもって自らの成果を出すために働けるのは、その成果とそれに達するまでの過程において自律性を認められるからである。そのことによって、成果に責任をもち、次の仕事に向かうことができる。自分の業務に自律性が認められず、自己統制できる範囲が狭ければ、結果についての納得度も低下する。私たちは、充実感を感じているとき、自己の有能感を感じているとき、その仕事を途中で

やめたくはないと感じる。その状態を、当事者は「働きすぎ」や「ただ働き」とはいわないし、ましてや他人にはいえないことでもある。

他方で、近年、急速にワーク・ライフ・バランスが労働者の希求するものの代表として位置づけられるようになった。ワーク・ライフ・バランスの実現は生産性の向上につながるとの研究も増えた。私生活と職業生活との葛藤が少ないこと、私生活が充実していることが、仕事生活も充実させることがわかってきた。私生活には、家庭責任を果たすことだけではなく、自己啓発による能力開発や仕事へ向けての体調管理や体力保持、あるいは趣味を存分に楽しみ心身ともにリフレッシュするために費やされる時間もあるだろう。

一つのヒントとして、"女性が就業継続できる仕組み"は、すべての労働者の就業継続の可能性を高めると主張したい。ワーク・ライフ・バランスの実現にも、労働時間の自律性は欠かすことのできない条件であろう。そうした意味では、働き方改革関連法において、労働者に始業・就業時刻の裁量性をもたせるフレックスタイム制の清算期間が1ヵ月から3ヵ月に延長されたことは評価できる。小さな子どもがいる家庭で感染症が連続発症した場合や、介護を要する家族がいる家庭、あるいは自身が病気治療をしながら勤務している場合など、家族や本人が体調を崩せば、1ヵ月の清算期間ではまかなえないケースは多い。今回は見送りとなった裁量労働制の対象範囲拡大についても、正確でよりきめ細かな実態調査とそれに基づく具体的ケースを設けた実施基準の検討が引き続き行われることを期待する。

3-5　求められる労働者の自律性と企業の支援

ここまで述べてきたように、「働き方改革」の成果は、企業の「働かせ方改革」の動向に左右される。そして、その成果としてのイノベーションの生起や生産性の向上には、多様な働き方を認め、労働者各人の自律的働き方を可能とする環境が必要である。

企業が、自律的にキャリアを管理したり、仕事をしたりできる人材を求めるようになったといわれて久しい。将来の自分を見すえた目標を立て、そこから逆算して目の前にあることに取り組んでいくキャリアデザインは、キャリアを管理する個人の自律性なくしてはなしえない。働き方改革についても同様である。企業はただ求めるだけではなく、人材がそれを可能にする機会と環境を用意して積極的に支援しなければならない。

【参考文献】

1）古川久敬編著『人的資源マネジメント―「意識化」による組織能力の向上』白桃書房、2010年
2）古川久敬『「壁」と「溝」を越えるコミュニケーション』ナカニシヤ出版、2015年
3）Van Knippenberg, D. & Schippers, M.C. [2007], Work Group Diversity, in S.T. Fiske, A.E. Kazdin & D.L. Schacter (Eds.), *Annual Review of Psychology*, Vol.58, Palo Alto, CA：Annual Reviews.
4）古川久敬「組織における部署間連携による創造革新：連携に付随する『壁』や『溝』とその発生契機」『日本経済大学大学院紀要』第6巻、2018年
5）厚生労働省「毎月勤労統計調査（2016年）」
6）総務省統計局「労働力調査（詳細集計）（2016年）」
7）日本経済団体連合会「2016年版 日本の労働経済事情」
8）働き方改革実現会議「働き方改革実行計画（概要）」2017年
9）日本経済団体連合会「2017年版 経営労働政策特別委員会報告」
10）北岡大介『「働き方改革」まるわかり』日本経済新聞社、2017年
11）渡部あさみ「所定外労働時間削減における労働組合の役割―A社の事例から―」『労務理論学会学会誌』晃洋書房、2010年
12）厚生労働省「平成28年 パートタイム労働者総合実態調査」
13）内閣府「ワーク・ライフ・バランスに関する個人・企業調査」2014年5月報告
14）阿部正浩「ポジティブ・アクション、ワーク・ライフ・バランスと生産性」『季刊・社会保障研究』国立社会保障・人口問題研究所、第43巻第3号、2007年

第Ⅱ部

21世紀の人的資源管理
――課題への具体的対応

第5章　人的資源管理の変遷と今後の展望
第6章　戦略的人的資源管理と人事部門の役割
第7章　キャリア形成と能力開発
第8章　モチベーション管理と賃金管理
第9章　多様な働き方時代への対応と人事評価
第10章　変化する労働環境と人的資源管理監査

第5章 人的資源管理の変遷と今後の展望

1 人的資源管理の変遷

1－1 人的資源管理の萌芽

　かつての経営上の三大資源といわれた「ヒト・モノ・カネ」に「情報・時間」が加えられて五大資源といわれるようになって久しく、これらのいずれもが等しく重要であることは当然でありながらも、実際にこれらを活かすのは「ヒト」、すなわち人的資源にほかならない。そういう意味において、人的資源は経営資源の一つであると同時に、他の経営資源を活かす主体でもあり、いつの時代であっても最も重要な経営資源である。

　2018年6月の国会において、安倍政権が最重要政策として位置づけてきた「働き方改革関連法（正式名称：働き方改革を推進するための関係法律の整備に関する法律）」が難産の末、成立した。同法の骨格は、①残業時間への上限規制の導入、②同一労働同一賃金の制度化、③高度プロフェッショナル制度（脱時間給制度）の創設、の3点である。これらは、少子高齢化が今後ますます進行するとともに、超長寿化社会を迎える日本において、終身雇用、年功序列を軸とする日本型経営管理が立ち行かなくなる状況を見すえた、退路なき政策と読み取ることができるだろう。

　人的資源をめぐっては、その管理の必要性から「人をいかに管理するか、人は人によっていかに管理されるか」について考察され始めたのが、今から約1世紀前のことであった。19世紀後半から20世紀初頭にかけてのアメリカでは、産業界の近代化が進み、経営管理の必要性が高まる中、テイラー（Taylor, F. W.）が、「工場管理（課業管理）」の重要性を説いた。また、ファイヨール（Fayol, H.）は、それまでのヨーロッパ産業界にみられた世襲制による同族経営とは一線を画し、世襲制によらない事業経営の重要性を説き、「管理教育」の可能性と、そのための「管理原則」を示唆した。これらは、人的資源管理の萌芽として、歴史に刻まれることとなった。

(1) 科学的管理の誕生

　テイラーは1856年にアメリカのフィラデルフィアに生まれ、当初は法律家を目指しつつも、持病により実務家に転向した。地元のポンプ会社をはじめ、製鉄会社での実務経験を経る中で、当時のアメリカ産業界がはらんでいた労働者の怠業（組織的怠業）の弊害とそれがアメリカ産業界に及ぼす危機的影響を誰よりも案じた。

　組織的怠業が生起する原因は、経営者が労働者の管理に関心を有していなかったために、作業現場における適切な管理が行われていなかったことにあると考えた。当時のアメリカ産業界が、労働の単純化、標準化、専門化を目指す中で、労働者一人の1日あたりの労働量が適切に設定されていないことが、労働者に労働と賃金とのバランスに関する不信感を与え、労働者による意識的なサボタージュとしての組織的怠業を発生させたと分析したのである。

　この組織的怠業を克服するために考案したのが、「工場管理（課業管理）」であり、その骨格は、①標準的労働量（おおよその1日の労働量）の策定、②差別的出来高給制、③職能別組織の編成、の3点であった。なかでも、労働者一人ひとりの労働量に応じて賃金を支給するという差別的出来高給制の普及は、アメリカ産業界に蔓延していた組織的怠業を一掃させた。また、テイラーは、労使双方が労働に対して科学的視点をもつことの重要性を説き、これが、彼による「精神革命」として広く知られることとなった。

(2) 管理原則の創案

　テイラーとほぼ同時期に、やはり管理の必要性を説いたのがファイヨールであった。ファイヨールは、1841年にトルコのコンスタンチノーブル（現在のイスタンブール）で生まれ、家業の鉱山業を営むうち、当時のヨーロッパの企業経営が世襲経営に依存していたことに危機感を感じ、世襲経営によらない経営を模索していた。同時に、経験から学ぶ経営管理だけではなく、管理手法の教育の可能性と必要性を説くとともに、14項目からなる管理原則を提唱した。

　その管理原則とは、①分業（仕事は分業化して行う。それに応じて、権限は分割される）、②権限と責任（権限とは命令権力であり、責任とは権限に付随する賞罰である）、③規律の維持（企業と従業員とを明確に結びつける規律を設けること）、④命令の一元性（命令は、一人の責任者からのみ受けること）、⑤指揮の一元性（一人の責任者と一つの計画のもとに指揮されること）、⑥個人的利益の一般的利益

への従属（従業員の利益よりも、企業の利益を優先させること）、⑦報酬（報酬は労使双方が満足する形で公正でなければならない。唯一絶対の報酬制度は存在しない）、⑧権限の集中（分業によって分権化された権限は、他方において集中されなければならない。分権化と集権化は、程度の問題である）、⑨階層組織（組織は、権限階層に即して形成される）、⑩秩序（適材適所の原則）、⑪公正（従業員が熱意と積極的貢献を示すためには、公正の意識が浸透していなければならない。そのためには、約定の実現（＝正義）と好意に基づく従業員の取扱いが要求される）、⑫従業員の安定（適正な配置転換）、⑬創意の工夫（知的活動を大事にし、従業員に創意工夫を励行させる）、⑭従業員の団結（文書連絡の乱用による従業員の心の離反、団結力の脆弱化を防ぐ）、というものであった。

　ファイヨールの管理原則は、後にその科学性や客観性の問題から伝統的管理論批判の対象となったが、前述のテイラーとともに、19世紀の後半から20世紀の初頭という早い時期に、人的資源を中心とする管理の必要性と重要性について初めて本格的に説いたという点において、その歴史的意義は非常に大きい。

1-2　人的資源管理の草創——ホーソン実験と新しい労働者観

　テイラーならびにファイヨールによって示された労働者観（人間仮説）は、「人（労働者）は経済的刺激（賃金）によって動かされる」ことを主旨とする「経済人仮説（economic man model）」と呼ばれるものであった。しかし、さらに労働者観察（人間仮説の再考）が進むと、人（労働者）は経済的刺激のみに動かされるのではないという事実が判明してきた。

　こうした中、アメリカのシカゴ郊外にあったウエスタン・エレクトリック社ホーソン工場において、メーヨー（Mayo, E.）らの監修のもとで行われた作業環境の変化と労働生産性の関係を解明するための一連の実験は「ホーソン実験」と呼ばれ、その後の経営管理に多大な影響を与えることとなった。

　当初は、工場内の照明の明暗が、作業者にどの程度の影響を与えるかをめぐっての実験からスタートしたが、引き続いて行われた面接実験や作業観察実験を通して、人（労働者）は経済的刺激のみならず、個人を取り巻く社会環境、すなわち他者とのかかわり方や他者からのみられ方、他者への忖度などの影響を受け、その結果が個人の行動に反映されることが明らかとなったのである。こうした人間観は、「社会人モデル（social man model）」と呼ばれた。

1−3 人的資源管理の発展

(1) 組織における人的資源管理

労働者観（人間仮説）をめぐる先行研究において、経営学史上、決定的な影響を与えたのが、バーナード（Barnard, C. I.）とサイモン（Simon, H. A.）である。

バーナードは、労働者を「個人としての存在」と「集団（組織）の中での存在」という異なる視点からとらえ、人は「個人人格」と「組織人格」という異なる人格を併有する存在であるとした。そして、人は本来的にはその個人人格に起因する完全な自由を求める傾向にあるものの、自己目的が他者の協力を得ることによって実現可能であることを知る場合には、あえて他者に対して協力を求めるという状態（協働）が生じることを明らかにした。

さらには、こうした協働関係を「組織（organization）」として解明し、その成立要件として、①共通目的、②（共通目的達成のための）貢献意欲、③（共通目的達成のための）コミュニケーション、の3点を示したうえで、組織が存続するための条件として、①有効性（共通目的の達成度合い、達成能力）、②能率（共通目的達成に必要な貢献意欲を喚起する能力）、の2点を示した。

個人としての人間が、他者との関係性の中で、自己目的を共通目的（組織目的）と連係させることでその実現を目指すとともに、その状態を発展させるために個人と組織を管理することの重要性を説いた点に、近代の人的資源管理の始まりをみることができる。

(2) 自己管理人としての労働者

バーナードに続いてサイモンは、人的資源管理において、従来の管理主体（管理者）に特化した見方だけではなく、管理客体（労働者）の視点にも注視した。すなわち、従来はいかに労働者を効率的かつ有効的に管理するかということに主眼がおかれていたが、管理の成否は「労働者が管理されることを受け入れるか否か」に依存することを解明したのである。

サイモンは人を、「意思決定（諸前提から目的合理的手段としての結論を選択する過程）する存在」としてとらえ、人を管理するためにはその人が管理されることを受け入れるための意思決定をすることが必要であると説いたのであり、このことは、管理において、人の主体性を認めたという点で大きな意味をもつものである。

なお、サイモンは自説の展開の中で、人が自身の目的を達成するために手段を選択する際、完全な合理性を確保することはできない（唯一最善の手段を選択することは不可能である）という「限られた合理性」を示唆し、これが後にノーベル経済学賞受賞につながった。

2 これからの人的資源管理

20世紀半ばあたりから、サイモンの学説に端緒を求めたかのように、人的資源管理の視点は、「いかに人（労働者）を人（管理者）が管理するか」から、「いかに人（労働者）が人（管理者）に管理されるか、管理されるべきか」へと大きく変化した。

わが国においては、明治時代、近代産業国家の構築を目標とした雇用の長期化、年功序列型の雇用関係の定着化がみられはじめ、さらに第二次大戦後、日本型経営システム（日本的経営）の"三種の神器"として、終身雇用、年功序列、企業別労働組合などの労働施策が、わが国の特徴的な経営管理方法として、広く内外に知られることとなった。

その後の高度経済成長を弾みとして、世界屈指の経済大国にまで成長したわが国であったが、少子高齢化と超長寿化という不可避的な社会変化は、これからのわが国の産業社会のあり方をも大きく変容させることは必至であり、そうした中で、日本人の労働に対する考え方や、自身の生活価値観そのものが、今までにはなかった劇的な変化を来し始めている。

これからの産業社会においては、少子化にともなう生産労働者の減少に対峙するために、新たな労働者を確保することが喫緊の課題である。また、高齢化・超長寿化が進む中、労働者としての機能期間を長期化させるとともに、現状より労働生産性を向上させることも課題となる。

これらは、労働者をめぐる量と質の両面における、今までには対峙することがなかった新たなテーマへの挑戦であり、労働者をめぐる革新でもあり、その一要素である人的資源とその管理における革新でもある。

2-1 わが国における人的資源管理環境の変化

(1) 少子化

労働社会を考えるうえで、労働主体となる労働者、すなわち国民人口はきわめて

重要な意味を有しており、安定的な労働社会の発展を実現するためには、人口の安定的推移が不可欠である。しかし、わが国は、1970年代半ばあたりから少子化の傾向が顕著になった。

　少子化とは、単に人口が減ること（出生数の減少）を意味するだけではなく、人口置換水準の低下（一人の女性が一生の間に産む子どもの数＝合計特殊出生率の低下）や総人口に占める高齢者比率の増加と子どもの比率の低下など、複数の要因を含んでいる。日本が少子化の一途をたどる背景には、日本経済の成長にともなう国民生活の向上、児童衛生環境の改善や高齢者医療の充実などによる多産多死社会から少産少死社会への転換、人口動態の変化がもたらした子どもの養育コストの高まりなど、複合的な要因が存在している。

　こうした傾向は、いわゆる経済先進国に特徴的に発現する現象であり、高度経済成長の後に世界屈指の経済大国までに成長し、その後は世界経済の潮流とともに低位安定成長が定着したわが国にとって、甘受しなければならない状態なのかもしれない。

　内閣府「平成30年版 高齢社会白書」によれば、2017年10月時点での日本の総人口は１億2,671万人であるが、そのうちの「15～64歳人口」は1995年の8,716万人をピークに減少の一途をたどっており、2013年には7,901万人と、1981年以来32年ぶりに8,000万人を下回った。今後、2029年には総人口が１億2,000万人を割り込み、2053年には１億人を割り（9,924万人）、さらに、2065年には8,808万人になると予測されている。この時点での予想図は、「国民の約2.6人に１人が65歳以上の者」であり、「約3.9人に１人が75歳以上の者」として描かれる。

　なお、１億人は、現在の日本経済と社会における諸機能を維持させるためには不可欠の人口規模であり、このラインを割り込むことは、現状においてわれわれが当然のごとく享受しているさまざまな社会サービスを享受できなくなることを意味している。同白書によれば、1950年時点では65歳以上の者１人に対して12.1人の現役世代（15～64歳の者）が存在していたのに対し、2015年時点では2.3人であり、2065年には1.3人と、高齢者人口と現役世代人口とが拮抗する事態となる。

　こうした事態を回避することは、あらゆる政治的な努力をもってしても不可能であるため、2016年６月、安倍政権は「ニッポン一億総活躍プラン」を閣議決定している。同プランの具体的な内容は後に紹介するが、同プランの根底には、わが国が直面している少子化の問題があり、広範囲にわたる経済支援の実施によって、子育

てがしやすい社会に転換させ、少子化問題の克服を図ろうとしている。

(2) 高齢化と超長寿化

　少子化とならんで、わが国が直面する課題に、高齢化と超長寿化がある。ここでは、国民の高齢化が進むことや総人口に占める高齢者の割合が高まること、さらには国民の寿命が延びること（長寿化）自体が問題とされるのではなく、そうした人口動態の劇的な変化が、これからの日本社会に及ぼす影響が問題になるのである。

　まず、高齢化の現状について、内閣府「平成30年版 高齢社会白書」から確認すれば、2017年10月時点での日本の総人口1億2,671万人のうち、65歳以上人口は3,515万人であり、総人口に占める割合（高齢化率）は27.7％になる。また、65歳以上人口に占める「65～74歳人口」は1,767万人であり、総人口に占める割合は13.9％、「75歳以上人口」が1,748万人で、同じく13.8％となっている。

　国連は総人口における65歳以上の者の割合が7％に達した状態を「高齢化」と定義しており、わが国においては1950年の時点で5％、1970年には7％に到達したことで高齢化時代に突入している。1994年には14％を超え、「高齢社会」に至るとともに、前述したように、2017年での高齢化率は27.7％という高水準に至っている（図表5－1）。

　また、高齢化はわが国に限定した現象ではなく、世界的な現象として進行している。世界人口に占める高齢者の割合が、1950年の5.1％から2015年には8.3％、2060年には17.8％まで上昇するとされる。こうした高齢化現象は、まずは先進国において進展してきたが、今後は開発途上国でも同様の事態が加速的に進んでいくと予測され、不足する労働力を海外に求めることも視野に入れた、わが国の労働政策を検討するうえでも見過ごすことができない事態である。

　高齢化に続いて、超長寿化についても若干触れておくこととする。わが国は、高齢化時代のみならず、超長寿化時代にも突入している（図表5－2）。国民の多くが、健康で衛生的かつ安全な生活を長期間維持できることは何より幸福であるが、ロンドンビジネススクールのグラットン（Gratton, L.）教授の研究によれば、2007年に生まれた日本人が107歳まで生存する確率は、50％に達している。同研究によれば、アメリカ、フランス、イタリア、カナダが104歳、イギリス103歳、ドイツ102歳となっており、いずれの先進国においても国民の平均寿命が劇的に延びるとされている。また、こうした超長寿化の原因として、健康、栄養、医療、教育、テ

第5章 人的資源管理の変遷と今後の展望

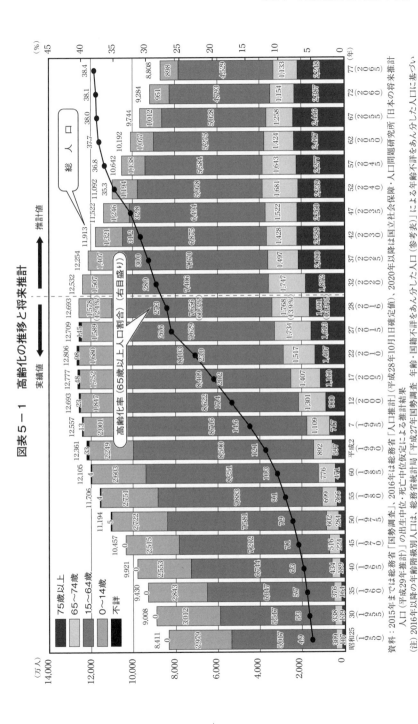

図表5-1 高齢化の推移と将来推計

出所：内閣府「平成30年版 高齢社会白書」

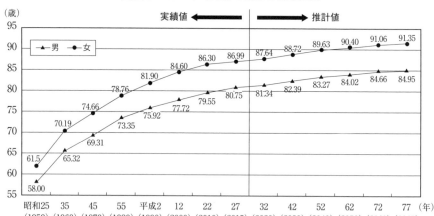

図表5-2 平均寿命の推移と将来推計

資料：1950年は厚生労働省「簡易生命表」、1960年から2015年までは厚生労働省「完全生命表」、2020年以降は、国立社会保障・人口問題研究所「日本の将来推計人口（平成29年推計）」の出生中位・死亡中位仮定による推計結果
（注）1970年以降は沖縄県を除く値である。0歳の平均余命が「平均寿命」である。
出所：内閣府「平成30年版 高齢社会白書」

クノロジー、衛生、所得といった多分野における状況の改善が影響しているとしている。

このような平均寿命世界一を迎えるわが国において、国民が活力をもって生きることができる社会を構築するための社会・経済システムのあり方を探るため、安倍内閣は2017年9月、「人生100年時代構想会議」を設置した。本会議の趣旨は、①すべての人に開かれた教育機会の整備、②そのための高等教育改革、③新卒一括採用だけではない企業の人材採用の多様化および多様な形での高齢者雇用、④高齢者向け給付主体の社会保障制度の全世代型社会保障への転換、を内容としており、今後、企業は一時的な雇用政策にとどまることのない抜本的な社会政策の枠組みの中での人的資源管理が求められることとなる。

2-2 働き方改革と人的資源管理

(1) 働き方改革

少子高齢化と超長寿化により、労働者の勤労意欲や勤労価値観が多様化し、育児や介護にともない生活環境も変化していく。そんな中、労働生産性の向上を図りつつ、日本経済の活力を維持することを目的とした「働き方改革」について、第三次

安倍内閣によって2016年から本格的に審議された。

また、同内閣は、働き方改革を進めるうえで、世界経済が多様な危機に直面する中で、「『一億総活躍』の旗を更に高く掲げ、我が国の輝かしい『未来』を切り拓くこと」を使命として位置づけ、さらに「『一億総活躍』社会の実現」を目的の一つとし、「ニッポン一億総活躍プラン」を策定した。当時（2016年8月3日）、閣議決定された基本方針では、以下のように示されている。

少子高齢化の流れに歯止めをかけ、50年後も人口1億人を維持するとともに、高齢者も若者も、女性も男性も、難病や障害を抱える人も、誰もが、今よりももう一歩前へ、踏み出すことができる社会を創る。

「一億総活躍」の社会を実現するため、明確な目標を掲げ、以下の「新・三本の矢」を放つ。すべての閣僚が、その持ち場において、全力を尽くし、従来の発想にとらわれない、大胆かつ効果的な施策を立案し、実施する。

最大のチャレンジは、「働き方改革」である。多様な働き方を可能とする社会を目指し、長時間労働の是正、同一労働同一賃金の実現など、労働制度の大胆な改革を進める。

(1) 希望を生み出す強い経済

強い経済なくして、明日の「希望」を生み出すことはできない。今後も「経済最優先」で政権運営にあたる。

「戦後最大のGDP600兆円」の実現を目指す。

これまでの「三本の矢」の経済政策を一層強化し、雇用の改善や賃金アップによる「経済の好循環」を継続する。

北は北海道から、南は沖縄まで、「目に見える地方創生」を本格的に進める。近年、全国各地で自然災害により甚大な被害が発生したことを教訓に、引き続き危機管理対応に万全を期すとともに、事前防災のための国土強靭化を推進する。

高齢者も若者も、女性も男性も、難病や障害を抱える人も、誰もが活躍できる社会を目指し、女性が輝く社会の実現などに取り組む。

(2) 夢を紡ぐ子育て支援

子どもたちには無限の可能性が眠っている。誰もが、努力次第で、大きな「夢」を紡ぐことができる社会を創り上げる。

「希望出生率1.8」の実現を目指す。

あらゆる面で子育てに優しい社会へと改革を進めるとともに、誰もが結婚や出産の

希望を叶えることができるような社会を創る。

若者への投資を拡大する。複線的な教育制度へと改革するとともに、家庭の経済事情に左右されることなく誰もが希望する教育を受けられるよう、すべての子どもたちの個性を伸ばす教育再生を進める。

(3) 安心につながる社会保障

高齢者の皆さんのみならず、現役世代の「安心」も確保する社会保障を構築するため、社会保障制度の改革・充実を進める。

「介護離職ゼロ」の実現を目指す。

介護施設の整備や、介護人材の育成を大胆に進め、仕事と介護が両立できる社会づくりを加速する。

予防に重点化した医療制度改革、企業による健康投資の促進などに加え、意欲あふれる高齢者の皆さんへの多様な就労機会を提供することにより、「生涯現役社会」を構築する。年金を含めた所得全体の底上げを図り、高齢者世帯の自立を支援する。

出所：首相官邸「ニッポン一億総活躍プラン（概要）」

働き方改革を進める政権の方針は、難航した国会審議を経て、2018年6月に「働き方改革を推進するための関係法律の整備に関する法律」（働き方改革関連法）として結実した。

同法の概要は、以下のとおりである。

1．働き方改革の総合的かつ継続的な推進
 ・働き方改革に係る基本的考え方を明らかにするとともに、国は、改革を総合的かつ継続的に推進するための「基本方針」（閣議決定）を定める（雇用対策法）。中小企業の取組みを推進するため、地方の関係者により構成される協議会の設置等の連携体制を整備する努力義務規定を創設する。
2．長時間労働の是正、多様で柔軟な働き方の実現等
 (1) 労働時間に関する制度の見直し（労働基準法、労働安全衛生法）
 ・時間外労働の上限について、月45時間、年360時間を原則とし、臨時的な特別な事情がある場合でも年720時間、単月100時間未満（休日労働含む）、複数月平均80時間（休日労働含む）を限度にする。
 ※自動車運転業務、建設事業、医師等については、猶予期間を設けたうえで規制を適用する等の例外あり。研究開発業務については、医師の面接指導を設けた

うえで、適用除外とする。
・月60時間を超える時間外労働に係る割増賃金率（50%以上）について、中小企業への猶予措置を廃止する。また、使用者は、10日以上の年次有給休暇が付与される労働者に対し、5日について、毎年、時季を指定して与えなければならないこととする。
・高度プロフェッショナル制度の創設等を行う（高度プロフェッショナル制度における健康確保措置を強化）。高度プロフェッショナル制度の適用に係る同意の撤回について、規定を創設する。
・労働者の健康確保措置の実効性を確保する観点から、労働時間の状況を省令で定める方法により把握しなければならないこととする（労働安全衛生法）。

(2) 勤務間インターバル制度の普及促進等（労働時間等設定改善法）
・事業主は、前日の終業時刻と翌日の始業時刻の間に一定時間の休息の確保に努めなければならないこととする。事業主の責務として、短納期発注や発注の内容の頻繁な変更を行わないよう配慮する努力義務規定を創設する。

(3) 産業医・産業保健機能の強化（労働安全衛生法等）
・事業者から、産業医に対しその業務を適切に行うために必要な情報を提供することとするなど、産業医・産業保健機能の強化を図る。

3．雇用形態にかかわらない公正な待遇の確保

(1) 不合理な待遇差を解消するための規定の整備（パートタイム労働法、労働契約法、労働者派遣法）
・短時間・有期雇用労働者に関する同一企業内における正規雇用労働者との不合理な待遇の禁止に関し、個々の待遇ごとに、当該待遇の性質・目的に照らして適切と認められる事情を考慮して判断されるべき旨を明確化する。あわせて、有期雇用労働者の均等待遇規定を整備する。

(2) 労働者に対する待遇に関する説明義務の強化（パートタイム労働法、労働契約法、労働者派遣法）
・短時間労働者・有期雇用労働者・派遣労働者について、正規雇用労働者との待遇差の内容・理由等に関する説明を義務化する。

(3) 行政による履行確保措置および裁判外紛争解決手続（行政ADR）の整備
・(1)の義務や(2)の説明義務について、行政による履行確保措置および行政ADRを整備する。

このように、働き方改革は、少子高齢化にともない生産年齢人口が減少する中、育児や介護との両立など、働く人のニーズの多様化や働く人のおかれた個々の事情に応じ、多様な働き方を選択できる社会を実現し、働く人一人ひとりがより良い将来の展望を持てるようにすることを目的としており、これからの日本社会においては不可避の政策である。

　ただし、労働環境の整備のみで、現在わが国が直面する労働課題が解決できるとは思えず、より根本的な問題として、戦後の高度経済成長（1950年代～1973年）からバブル経済の崩壊（1991年）、リーマンショック（2008年）、さらには東日本大震災（2011年）など、連続する自然災害経験の中で、日本の労働者の意識が大きく、かつ劇的に変化してきている事実に基づいた施策が必要とされるのである。

(2) 自律的な生き方改革とこれからの人的資源

　本章の最初にみたように、労働現場における人的資源管理の必要性が問われ始めたのが1世紀前であった。人間が経営資源としての自らの存在を管理し、管理されるという基本命題が重視され始めたのが、わずか1世紀前に過ぎなかったわけである。その後、テイラーによる科学的管理の登場やホーソン実験などを経て、ようやく人間の行動とそれに先行する思考に関する研究と解明が図られてきたが、現在においてもなお、人間の行動と思考については、未知の領域が多く残されている。

　今ここに至って、労働者の働き方を上意下達で改革しようとしても難しい。改革の主体は、管理する側（＝経営体・企業など）ではなく、むしろ管理される側（＝労働者）なのである。すなわち、働き方に関する改革をいくら推進しようとしても、働き手である労働者が自らの意思と行動によって自らの働き方を改革しなければ、この一大改革は成し遂げることはできないのである。

　正規、非正規間の不合理な処遇格差の解消、長時間労働の是正および長時間労働を肯定化する風潮の払拭、単線型キャリアパスの変更といった改革の主眼点はもちろん重要であるが、これらは環境整備のみで解決できるものではなく、働き手である労働者がいかに受け入れ、推進に協力するかにかかっている。そういう意味では、テイラーが当時のアメリカ産業界に蔓延していた組織的怠業を一掃させるために、労使双方が労働に対して科学的視点をもつことで始まる「精神革命」こそが科学的管理の本質であると示唆したように、今われわれが対峙している働き方改革も、わが国の労働界における「精神革命」であるといえるのである。

第5章　人的資源管理の変遷と今後の展望

　当事者の一方であるわが国の労働者の意識についてみてみると、大きくは変化していない実態をうかがい知ることができる。労働政策研究・研修機構の「人材（人手）不足の現状等に関する調査（企業調査）及び働き方のあり方等に関する調査」（企業調査：2406社、労働者調査：全有効回答労働者 n＝7,777人）によれば、「自身に課せられている業務量が、1年前からどのように変化しているか」という設問に対し、「かなり増えた」（14.7％）と「やや増えた」（41.5％）を合わせて半数以上（56.2％）が、「増えた」と回答している。また、業務量については、自身の能力などに照らして、「かなり多い（多すぎる）」（6.8％）と「どちらかといえば多い」（37.2％）の回答が合わせて4割を超え（44.0％）ており、1年前と比較した時間外労働量（残業や休日出勤）は、「かなり増えた」が6.6％、「やや増えた」が22.7％で、合わせて約3割（29.4％）が「増えた」としている。過去1年間に長時間労働で体調を崩した経験がある労働者も6.7％存在した。「職場で誰かの業務量が増加した場合に、積極的に助け合う雰囲気があるか」という設問に対しては、66.0％が「ある」、33.4％が「ない」と回答している。MS＆AD基礎研究所の「『働き方』に関する意識調査」においても、「サービス残業の有無」については、経営・管理職で57.6％、労働者で64.0％が「有り」と回答しており、この点からも、自身の職場における協調的、相互扶助的な環境が、依然として労働者個人の労働時間の長時間化を常態化させる要因となっていることがわかる。

　また、最近、社会問題化している「ブラック企業」問題について、同調査によれば、「ブラック企業」の特徴として、「残業時間が月80時間を超える」、「サービス残業がある」、「定着率が悪い、離職率が高い」、「人手不足が慢性化している」といった点があげられている。しかし、その一方で、「自身の勤務先がブラック企業と思うか」との設問に関しては、「そうは思わない」（32.1％）、「あまりそうは思わない」（22.6％）、「ややそう思う」（16.9％）、「そう思う」（7.0％）との回答となっており、半数以上は、自社に対して肯定的もしくは寛容的な意識を有している。

　次に、わが国の労働者が自身の今後の職業生活に関して抱くイメージについて、前に紹介した労働政策研究・研修機構の調査によれば「現在の勤務先で勤め上げられるなら、役職や専門性にはこだわらない」（24.2％）、「特に希望はなく、成り行きに任せたい」（16.6％）、「現在の勤務先で、管理職まで昇進したい」（13.9％）、「役職や専門性にかかわらず、もっと良い処遇・労働条件であれば転職したい」（11.9％）、「現在の勤務先で、専門職として働きたい」（11.7％）、「現在の勤務先で、

93

経営層に加わりたい」（11.2％）などとなっており、いずれにせよ「現在の勤務先で働きたい」との回答が61.1％を占め、いささかの問題を抱えつつも、当面は現状を維持したいとする労働者の意識が明らかとなっている。

　こうした現状維持傾向が強い理由としては、かつての高度経済成長期においては期待することが可能であった労働者自身の能力と努力次第での上昇（昇進・昇格・昇給）による生活環境の自主改善の可能性が低いことが、まずあげられるだろう。名目GDPの47兆円の増加、4年連続でのベースアップの実現、有効求人倍率の25年ぶりの高水準、相対的貧困率の足元での低下などがアベノミクスの成果として喧伝されているが、労働者がその恩恵をどれだけ実感できているかについては大きな疑問が残る。すなわち、依然として生活実感の低さや、日本経済のみならず世界経済の先行きの不透明感、少子高齢化および超長寿化社会の中での将来設計の困難さや不安といった諸問題が、現状の労働環境を受け入れざるをえない状況を招き、あえてリスクをとって挑戦しない現状をもたらしているといえる。

　さて、こうした閉塞的な状況の中で、わが国の労働者が自身の将来に安定性を感じつつ、日本経済全体の再生に貢献していくためには、労働者の潜在的な意識に届く人的資源管理と、その推進のための政策が講じられる必要がある。2018年3月の有効求人倍率（季節調整値）は、バブル最盛期であった1990年7月期の1.46倍を超える1.59倍の売り手市場となり、完全失業率についても、次第に低下傾向をみせてきている（図表5－3）。2018年8月期の完全失業者数も170万人と、99ヵ月連続の減少傾向をみせた。しかしながら、求人条件と希望職種とのミスマッチング（職業間ミスマッチング）による未就業者は2016年時点で144万人に及んでおり、特に常用的パートタイムにおける増加傾向が高い（第4章－2参照）。

　また、日本生産性本部が1969年から実施している「新入社員　働くことの意識調査」は、現在に至るまでのわが国の新入社員の意識の変化を如実に示しているが、それによれば、まず「入社の動機」については、1971年においては、①「自分の能力・個性が生かせるから」19％、②「会社の将来性を考えて」27％、③「実力主義の会社だから」6％であったが、2018年では、①31％、②9％、③2％と大きく変化してきている（図表5－4）。また、「仕事と生活のどちらを中心に考えるか」については、1971年時点で、①「仕事中心」15％、②「仕事と生活の両立」70％、③「生活中心」15％であったが、2018年では、①7％、②78％、③15％と、生活偏重までは届かないものの、仕事と生活の両立を望むように変化してきている。さら

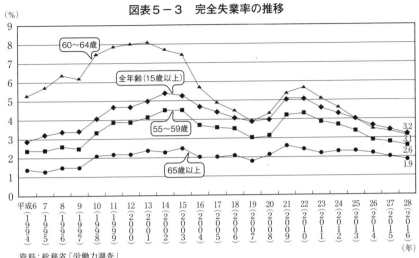

図表5-3 完全失業率の推移

資料：総務省「労働力調査」
(注) 1 年平均の値。
    2 平成23年は岩手県、宮城県および福島県において調査実施が一時困難となったため、補完的に推計した値を用いている。
出所：内閣府「平成30年版 高齢社会白書」

に、「人並み以上に働きたいか」については、1969年時点で、①「人並み以上に働きたい」44％、②「人並みで十分」35％、③「どちらともいえない」24％であったが、2018年では、①31％、②62％、③7％となっている。また、「どのポストまで昇進したいか」については、1970年時点で、①「社長」29％、②「重役」15％、③「部長」14％であったが、2018年では、①10％、②14％、③16％となっており、ミドルマネジメント志向性においては大きな変化はみられないが、トップマネジメント志向性については大きく低下している。ただし、当該質問における回答のうち、④「役職にはつきたくない」については1970年時点で16％であったが、2018年では7％に変化しており、強い上昇志向性はないものの、その一方である程度のポジションを求めようとする動きに、現在の労働者の潜在的意識を探る手掛かりがあるとも思われる（図表5-5）。

　以上の結果を総括すると、最近の新入社員は、自分の能力・個性が活かせる会社を選び、仕事と生活の両立を図りつつ、人並みの働きで、役職にはつきたくはないものの、ある程度のポジションまでは昇格したいと考えている労働者像としてとらえることができよう。

　さて、本章ではこれまでの約1世紀における人的資源管理をめぐる変遷を振り返

図表5-4 入社の動機

(%)

調査年度	自分の能力・個性が生かせるから	給料が高いから	仕事がおもしろいから	技術が覚えられるから	会社の将来性を考えて	一流会社だから	実力主義の会社だから	経営者に魅力を感じたから	労働時間が短く、休日が多いから	寮・グランドなど福利厚生施設が充実しているから	地理的条件がいいから	先輩が多いから	どこへも行くところがなくやむなく	その他
S46	19	4	16	7	27	3	6	1	0	1	4	1	5	5
S47	20	4	13	10	24	3	5	1	0	1	4	1	5	7
S48	21	4	13	11	24	3	4	1	1	1	4	1	5	7
S49	24	3	15	9	23	3	4	1	0	1	4	1	4	7
S50	22	3	13	10	24	3	4	0	0	1	5	1	4	7
S51	25	3	12	11	23	2	5	2	1	0	3	1	6	6
S52	23	6	13	10	20	4	5	2	1	1	4	1	5	7
S53	24	6	12	9	23	4	4	2	1	1	3	0	5	7
S54	28	4	12	10	21	3	4	2	1	1	3	0	4	7
S55	27	4	13	9	19	4	4	2	1	1	3	1	4	8
S56	28	5	7	9	20	3	5	2	1	1	4	1	4	9
S57	29	4	7	11	20	4	4	2	1	1	3	1	4	8
S58	30	6	7	8	23	4	5	2	1	1	3	1	4	8
S59	30	5	7	9	22	3	4	2	1	1	3	1	4	7
S60	29	4	8	13	19	3	5	2	1	1	3	0	4	9
S61	31	4	8	12	20	4	5	2	1	1	3	1	3	8
S62	30	4	8	11	21	3	4	2	1	1	3	1	3	8
S63	30	4	7	11	24	3	3	2	1	1	3	1	3	7
H元	29	5	9	10	21	4	4	1	1	1	4	1	3	9
H2	27	6	8	11	21	4	3	2	1	1	4	1	2	8
H3	26	6	8	12	19	3	3	2	2	2	4	1	3	9
H4	29	7	9	11	15	2	3	2	2	2	5	1	3	11
H5	27	7	9	10	17	2	2	2	2	2	4	1	3	10
H6	27	5	9	8	17	3	4	2	1	2	3	1	4	10
H7	26	5	12	10	18	3	3	3	1	1	4	0	4	9
H8	28	4	14	8	16	2	6	3	1	1	4	1	4	11
H9	27	3	14	12	14	3	5	3	1	1	3	0	4	9
H10	29	3	12	12	13	5	5	3	1	1	4	0	3	12
H11	28	3	13	13	15	3	3	1	1	1	5	1	4	9
H12	28	4	14	13	14	3	7	3	0	1	2	1	4	8
H13	31	3	20	17	9	2	6	3	1	1	4	1	3	0
H14	31	3	20	18	9	3	5	3	0	1	3	1	4	0
H15	30	3	20	17	8	3	4	4	0	1	4	1	3	0
H16	32	5	23	11	10	3	6	4	1	1	2	0	3	0
H17	31	4	21	13	8	4	5	5	1	1	3	1	3	0
H18	30	3	22	15	7	4	4	4	1	2	4	1	3	0
H19	29	4	21	14	9	5	3	4	1	2	4	1	3	0
H20	28	3	24	14	9	3	5	4	1	2	4	1	3	0
H21	30	3	21	11	10	6	5	5	1	3	4	1	4	0
H22	35	2	25	9	8	2	2	6	0	2	3	1	4	0
H23	37	2	27	9	8	4	2	5	0	1	3	1	2	0
H24	37	2	23	11	8	4	2	5	0	2	3	1	3	0
H25	36	2	22	9	8	2	2	5	0	2	3	1	3	0
H26	31	3	22	9	7	3	2	6	1	10	3	1	3	0
H27	31	3	19	12	9	3	2	6	2	4	3	1	4	0
H28	33	4	17	12	10	4	2	4	2	4	5	1	3	0
H29	31	5	18	14	8	4	5	3	2	2	4	1	3	0
H30	31	4	19	10	9	4	5	2	3	6	4	1	3	0

出所：日本生産性本部・日本経済青年協議会「平成30年度新入社員 働くことの意識調査報告書」

第５章　人的資源管理の変遷と今後の展望

図表５－５　希望する昇進ポスト

(％)

調査年度	社長	重役	部長	課長	係長	主任・班長	専門職(スペシャリスト)	役職にはつきたくない	どうでもよい
S45	29	15	14	8	2	9	－	16	－
S46	22	12	10	4	1	4	25	6	15
S47	22	12	10	5	1	3	23	6	17
S48	22	11	9	5	1	4	26	6	16
S49	19	11	9	5	1	5	26	6	18
S50	20	11	9	4	1	5	26	6	17
S51	21	11	9	4	1	6	29	6	14
S52	18	11	9	4	1	5	29	8	14
S53	15	11	9	4	1	8	28	7	16
S54	15	13	10	4	1	6	29	10	16
S55	21	10	9	3	1	5	27	8	16
S56	18	11	10	4	1	6	24	8	17
S57	21	12	11	5	1	5	23	7	15
S58	19	12	11	5	1	7	23	7	16
S59	20	11	10	5	1	8	23	8	15
S60	21	9	10	4	1	7	23	7	17
S61	21	10	12	4	1	8	23	7	15
S62	20	10	12	5	1	6	23	7	16
S63	19	9	11	5	1	7	24	7	16
H元	19	9	11	5	1	7	23	8	18
H2	17	8	11	5	1	8	24	9	17
H3	19	7	10	4	1	7	26	9	16
H4	19	7	9	4	1	8	26	9	16
H5	19	9	10	4	1	8	25	8	17
H6	20	11	11	5	1	7	23	7	16
H7	20	12	11	3	2	6	24	7	15
H8	20	13	11	4	1	5	24	6	17
H9	21	12	10	3	1	5	27	6	14
H10	18	12	10	3	1	4	30	6	17
H11	19	11	8	3	1	6	29	7	16
H12	20	14	9	3	1	4	31	5	13
H13	21	13	9	3	1	5	31	4	12
H14	19	14	10	4	2	5	30	3	13
H15	21	14	9	3	1	5	31	4	12
H16	20	16	11	4	1	5	27	3	13
H17	18	16	11	4	1	7	25	4	14
H18	18	15	12	4	1	6	26	4	14
H19	17	17	13	4	2	6	22	5	14
H20	16	14	13	4	2	8	25	4	14
H21	15	14	15	5	2	8	24	5	12
H22	14	16	14	5	2	10	23	4	12
H23	16	16	17	6	2	9	21	4	10
H24	14	15	15	6	3	9	24	3	11
H25	13	19	16	6	2	9	21	3	11
H26	14	17	15	6	2	10	20	4	13
H27	13	16	17	6	2	7	20	5	14
H28	11	15	17	8	2	9	18	6	14
H29	12	14	16	5	2	8	20	5	17
H30	10	14	16	6	2	10	17	7	17

出所：日本生産性本部・日本経済青年協議会「平成30年度新入社員　働くことの意識調査報告書」

るとともに、わが国が今まさに直面している社会問題とその対策としての働き方改革を中心とする諸施策のあり方について検討してきた。労働環境や労働者に関する多くの調査結果に示されるように、日本の労働者も経済的・物質的豊かさだけを追求する生活者から、真の幸福を試行錯誤的に希求する生活者へと大きく変容してきている。

　一流の大企業に就職し、都市部に終の棲家を所有し、核家族を構成して安住な生活を手に入れることが本当の幸せなのかと懐疑を感じつつ、低成長社会の中、そうした生活を手放してまでも未知なる将来に賭けることができない自身の姿がそこに存在している。しかし、労働者である以前に生活者であり、単なる人的資源だけではないわれわれが、自らの生活を真に豊かなものに築き直していくためには、新たな労働政策の登場や、より良い人的資源管理の出現を黙して待つのではなく、新たな働き方を自ら模索し、経済的な発展機会を自ら創出し、社会に新たな価値を創出していける高付加価値の経営資源となるよう自己変革していかなければならない。「働き方改革」をただの「働かせ方改革」に終わらせるのではなく、「生き方改革」として労働者主導で進めていくことが何よりも重要なのである。

【参考文献】

1）テイラー『科学的管理法（新版）』上野陽一訳編、産業能率短期大学出版部、1969年
　　Taylor, F.W. [1911], The Principles of Scientific Management, Harper.
2）ファイヨール『産業ならびに一般の管理』山本安次郎訳、ダイヤモンド社、1985年
　　Fayol, E. [1917], Administration Industrielle et Generale, Dunod.
3）メーヨー『産業文明における人間問題』村本栄一訳、日本能率協会、1951年
　　Mayo, E. [1933], The Human Problems of an Industrial Civilization, Macmillan Publishers.
4）バーナード『経営者の役割』山本安次郎・田杉競・飯野春樹訳、ダイヤモンド社、1968年
　　Barnard, C.I. [1938], The Functions of Executive, Harvard University Press.
5）サイモン『経営行動（新版）』松田武彦・高柳暁・二村敏子訳、ダイヤモンド社、1989年
　　Simon, H. A. [1976], Administrative Behavior, 3rd eds., The Free Press.
6）内閣府「平成30年版 高齢社会白書」
7）グラットン、スコット『ライフシフト 100年時代の人生戦略』池村千秋訳、東洋経済新報社、2016年

Lynda Gratton and Andrew Scott［2016］, THE 100‒YEAR LIFE, Fraser & Dunlop Ltd.
8）労働政策研究・研修機構「人材（人手）不足の現状等に関する調査（企業調査）及び働き方のあり方等に関する調査」2016年
9）MS & AD 基礎研究所「『働き方』に関する意識調査」2017年
10）厚生労働省編「平成28年版 労働経済の分析『労働経済白書』―誰もが活躍できる社会の実現と労働生産性の向上に向けた課題―」
11）厚生労働省編「平成30年版 労働経済の分析『労働経済白書』―働き方の多様化に応じた人材育成の在り方について―」
12）総務省統計局「労働力調査（詳細集計）（2016年）」
13）日本経済団体連合会「2016年版 日本の労働経済事情」
14）日本生産性本部・一般社団法人日本経済青年協議会「平成30年度新入社員働くことの意識調査報告書」

第6章 戦略的人的資源管理と人事部門の役割

　経済の成熟化および経済成長の低迷により、企業を取り巻く環境は厳しく、不確実性の高い状況となっている。このような状況において、企業が存続し成長を続けるために、戦略の重要性が高まっていることはいうまでもない。

　そこで、人的資源管理にも戦略性が要請されるようになったのである。ここで人的資源管理とは、人を採用し、配置し、評価し、育成していく、企業における一連のプロセスである。従来の人的資源管理には、さほど戦略性は求められてこなかった。これは、企業を取り巻く環境が、現在ほど厳しいものでなかったからといえる。しかしながら、企業が従業員こそ競争優位の源泉であると認識し、人的資源管理システムを企業システムの一部（サブ・システム）であるととらえるならば、戦略を実現するために、戦略に適合した人的資源管理システムを構築しなければならない。すなわち、人的資源管理を企業の経営活動全体から考えて遂行していく、戦略的な人的資源管理（以下、「戦略的人的資源管理」）が求められてくる。

　従来の人的資源管理とは異なる、戦略的人的資源管理の特徴として、以下の2点が指摘できる。第一に、個人の業績より組織の業績に焦点をあてることである。第二に、個々の人的資源管理システムにおける施策ではなく、企業の戦略遂行に対する人的資源管理システム全体の役割を重視するようになったことである。

　本章では、戦略的人的資源管理の基本的前提や枠組みについて理解し、今後の企業における人事部門の役割について検討していくこととする。

1 戦略的人的資源管理とは

1-1　人的資源管理観の変容

　人的資源管理観は、人事労務管理→人的資源管理→戦略的人的資源管理と変容を遂げている（図表6-1）。以下では、それぞれの特徴を確認していく。

第6章　戦略的人的資源管理と人事部門の役割

図表6−1　人的資源管理観の変容

	人事労務管理（PM）	人的資源管理（HRM）	戦略的人的資源管理
ヒトについての考え方	コスト	投資価値のある資源	持続的な競争優位の源泉
焦点	集団管理	個別管理	個別管理
人材マネジメントモデル	コントロールモデル	コミットメントモデル	戦略モデル
目的	コスト低減	組織と個人の統合	戦略の遂行

出所：蔡芢　錫「経営戦略と人材マネジメント：戦略的人的資源管理論」『MBA人材マネジメント』に筆者加筆修正

(1) 人事労務管理（Personnel Management）

人事労務管理の特徴として、以下の3点があげられる。

まず、人事労務管理においては、従業員は、企業にとってコストとしてしか認識されない。そのため、コスト（人件費）をいかにして引き下げるかが重要な課題となる。次に、従業員をコストとして考えるため、従業員をしっかり働かせる必要がある。そのため、企業は従業員を厳密に管理しなければならず、従業員はコントロールの対象となる。さらに、人事労務管理のもとでは、企業にとって労働組合との交渉がきわめて重要であり、集団的な労使関係の調整に重点がおかれる。

(2) 人的資源管理（Human Resource Management）

人的資源管理の特徴として、以下の3点があげられる。

まず、人的資源管理においては、従業員は、企業にとって単なるコストではなく、価値ある資源としてとらえられる。そのため、価値ある資源としての従業員をいかにして活用していくかということが、人的資源管理の主要な役割になる。次に、従業員は価値ある資源なので、いかにコントロールするかではなく、いかに企業にコミットさせるかという視点が重要となる。さらに、人的資源管理では労働組合との交渉という集団的管理から従業員の個別管理が中心となる。

(3) 戦略的人的資源管理（Strategic Human Resource Management）

戦略的人的資源管理の特徴として、以下の3点があげられる。

まず、従業員は価値ある資源から、持続的競争優位の源泉ととらえられることとなる。また、企業戦略を遂行することが重要になるため、戦略に適合した従業員の

採用・活用ができる人的資源管理システムを構築する必要がある。次に、戦略的人的資源管理では企業戦略との結びつきが重要視され、企業戦略と結びつけて構築された人的資源管理システムが良好な企業業績を生むと考えられている。

1-2　戦略的人的資源管理の前提

　戦略的人的資源管理は、外部環境を厳しい競争状態と想定し、環境対応のために戦略を策定・遂行することを目的としている。そのため、戦略遂行に適合した最善の人的資源管理システムを構築することが不可欠となる。このような考え方には、いくつかの前提がある。ここからは、それらの前提を確認する。

(1)　資源ベース戦略（resource based view）という視点

　資源ベース戦略（resource based view）の考え方に基づくと、企業の競争優位の源泉は、企業内部に保有される模倣困難な経営資源になる。その中心に位置づけられるのは、人的資源になるだろう。

　人的資源は、企業のもつ情報的経営資源の担い手であり、組織学習の担い手でもある。戦略的人的資源管理では、資源ベース理論のように、従業員を競争優位の源泉としてとらえる。そのため、企業戦略に適合した人的資源を採用・活用するための人的資源管理システムを構築し、戦略資源として人材の活用に取り組めば、良好な企業業績に結びつけられると考える。

(2)　システムという視点

　システムという視点から企業をみると、企業の人的資源管理システムは、サブ・システムととらえることができる。すなわち、企業は全体システム、人的資源管理は部分システムと理解することができる。さらに、人的資源管理システムには、人的資源管理施策という構成要素も含まれている。

　したがって、全社戦略に基づく全体システムを、部分システムとしての人的資源管理システムが支えることにより、企業業績の向上に結びつけられると考える。

(3)　企業全体というマクロ的な視点

　従来の人的資源管理の目的は、企業組織と個人の統合にあった。すなわち、従業員というミクロ的な視点から人的資源管理システムが構築されることを意味してい

た。しかしながら、戦略と結びつく人的資源管理システムは、企業全体のマクロ的視点に基づいて構築されなければならない。

(4) 業績との関係性という視点

　企業の戦略が策定され、それに適合した人的資源管理システムが構築されれば、従業員は職務を通して戦略遂行に貢献しやすくなる。すなわち、従業員にとって戦略遂行に貢献するために何をなすべきかが明確となり、従業員は保有する能力を十分に発揮できるようになる。このようにして個々の従業員の業績が向上すれば、企業全体として良好な業績を達成することが可能となる。これは、競争優位の源泉としての従業員を、戦略と結びついている人的資源管理システムを通して活用し、業績を向上させることを意味している。

　なお、人的資源管理システムそのものが企業全体の業績向上を生み出すものではないことには、注意が必要である。人的資源管理システムは、従業員に戦略遂行に適合した活動をさせて、間接的に業績に貢献するにすぎない。直接的に企業に業績向上をもたらすのは、従業員の活動である。そのため、戦略に適合した人的資源管理システムを構築したとしても、従業員の活動が戦略に適合しないというようなことは避けなければならない。人的資源管理システムを構築するにあたり、従業員がどのように業務活動を行うか、深く検討する必要がある。

1－3　戦略的人的資源管理のフレームワーク

　戦略的人的資源管理においては、①企業戦略と人的資源管理システムの整合性、②人的資源管理システムにおける諸施策の整合性、③人的資源管理システムと企業業績との関係についての検討が必要となる（図表6－2）。

図表6－2　戦略的人的資源管理の枠組み

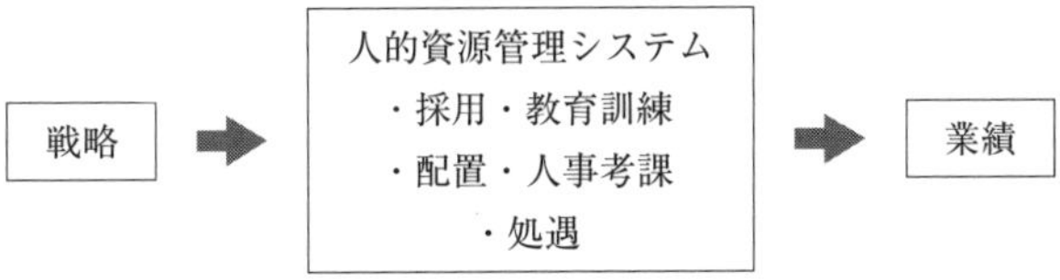

戦略　→　人的資源管理システム
・採用・教育訓練
・配置・人事考課
・処遇
→　業績

出所：筆者作成

(1) 外的整合性 (external fit)

①意義

　企業戦略と人的資源管理システムの整合性のことを、外的整合性と呼ぶ。企業の戦略が異なると、人的資源管理におけるニーズも異なると考えられる。企業の戦略遂行を通しての競争優位の獲得は、企業の遂行すべき戦略と人的資源管理システムとが適合してこそ達成が可能となる。例えば、企業が全社戦略として、多角化戦略をとるとしても、既存事業と関連する領域で多角化を行うのか、まったく関連性がない領域で多角化を行うかによって、必要となる従業員の特性やスキルは異なることが予想される。

　既存事業と関連する領域で多角化を行う場合、現在の従業員の保有するスキルを強化するような教育訓練の実施や職能による人事考課といった施策が、戦略と整合性を保つと考えられる。一方で、まったく関連性がない領域で多角化を行う場合、新しい領域で必要となる知識やスキルを企業内にいる従業員が保有しているとは限らない。したがって、外部から専門的知識や能力を保有する人材を中途採用する必要があり、賃金制度は職務や業績といった仕事を基準に設定するといった施策が、戦略と整合性を保つと考えられる。

②条件

　外的整合性を満たすためには、人事部門が戦略立案などに積極的に関与することが必要となるであろう。そうでなければ、企業戦略に貢献する人的資源管理の構築や諸施策の検討は行えない。人事部門は企業の戦略策定段階から参画し、企業の戦略遂行に貢献できる人的資源管理システムや諸施策の提供を行うべきである。また、経営者も人事部門の重要性を認識し、戦略策定の段階から人的資源管理システムの構築に力を注がなくてはならない。

　人事部門は単なる管理部門ではなく、企業の戦略遂行に貢献できる部門でなければならず、戦略パートナーとして、全社戦略から人的資源管理へのニーズをくみ取り、ニーズに応える人的資源管理システムの構築に取り組まなければならない。

(2) 内的整合性 (internal fit)

①意義

　人的資源管理システムにおける諸施策の整合性のことを、内的整合性と呼ぶ。人的資源管理システムは、それを構成しているさまざまな施策が、システム内の他の

施策と密接に結びついてはじめて、競争優位の源泉として働くのである。採用や教育訓練、人事考課、処遇など、人的資源管理システムを構成しているさまざまな施策の間に整合性がとられなければならない。新しい施策を導入する場合は、人的資源管理システムを構成する他の施策を同時に修正しないと、内的整合性が図れないことになる。

②条件

人的資源管理システムを構成する諸施策は、企業の戦略遂行に貢献するものでなければならない。そのために、次の条件が必要とされる。

まず、人的資源管理システムを構成する諸施策が、個々の従業員の業績を向上させるプロセスを示すものでなければならない。例えば、戦略遂行のために必要なスキルを獲得するための教育訓練制度、それに適合した評価方法、これらの諸施策により、従業員個人の業績は向上することとなる。

次に、個々の従業員の業績向上が、企業全体の業績向上に結びつき、企業の競争優位につながるプロセスを示すものでなければならない。すなわち、戦略的人的資源管理システムであるためには、個々の従業員の業績向上が、企業全体の生産力や販売力の向上に結びつき、コストや差別化といった点で、競合企業に対して持続的に競争優位に立てるプロセスを示さなければならないということである。

最後に、持続的な競争優位を獲得するためには、人的資源管理システムという経営資源に模倣困難性という特質をもたせなければならない。そのためにも、人的資源管理システムにおける内的整合性を十分に確保しなければならない。

1−4　戦略的人的資源管理の類型

(1) ベスト・プラクティス・アプローチ（best practice approach）

ベスト・プラクティス・アプローチとは、それぞれの企業が業績を向上させるための人的資源管理システムには、最善な普遍的施策があるという考え方である。これらの施策は、他の施策より良い業績をあげると考えられている。ベスト・プラクティス・アプローチでは、このような施策は、どのような環境、どのような状況においても、常に最善であると考える。

どのような状況においても最善と考えられる人的資源管理上の諸施策として、従業員の雇用保障、権限委譲、幅広い教育訓練、情報の共有などがあげられる。これらの施策には、企業の従業員に対する信頼が存在するという共通点がある。このよ

うな人的資源管理上の取組みは、企業の従業員に対する信頼を伝達することにより、従業員から企業に対する貢献を引き出している施策といえる。

(2) コンティンジェンシー・アプローチ（contingency approach）
　企業はそれぞれ異なる全社戦略をもち、同じ企業であっても、事業部や部門によって戦略は異なる。このような異なる戦略には、必要となる人的資源管理システムや諸施策も異なるはずである。コンティンジェンシー・アプローチにおいては、企業の業績向上のため、企業の戦略と人的資源管理システムとの整合性や適合性が求められる。
　例えば、ある企業がイノベーティブな活動を追求する戦略をとる場合、従業員には、職務を遂行するうえで創造性を発揮することや不確実な事象にチームとしてチャレンジすることが求められる。その際、従業員からそのような活動を引き出すために、人事考課の基準をプロセス評価に設定する必要がある。

(3) コンフィギュレーショナル・アプローチ（configurational approach）
　コンフィギュレーショナル・アプローチとは、まず人的資源管理システムにおける諸施策の間に整合性や適合性を追求しつつ、戦略と人的資源システムとの整合性や適合性を追求するという考え方である。この場合、人的資源管理システムは諸施策の束ととらえられており、これらの内的整合性がなければ、人的資源管理システムが有効に作用しないと考えられている。
　例えば、長期にわたるスキルの習得のために教育訓練を実施しているのであれば、人事考課の基準を職務遂行能力のような長期的な基準にすべきである。こうしたケースで、人事考課の基準を短期的な業績においてしまうと、従業員は長期的にスキルを身につけて業績に貢献すべきなのか、短期的な業績に貢献すべきなのか判断が困難になる可能性がある。

(4) 三つのアプローチから示唆されること
　三つのアプローチは、人的資源管理について、以下の点を示唆している。
　まず、企業には、それぞれの戦略に適合する人的資源管理システムがある一方、戦略を実現するための普遍的なベスト・プラクティスが存在するという点である。つまり、企業の戦略に適合的な人的資源管理システムや諸施策は異なっても、その

中に共通する原理原則があることになる。一方、コンフィギュレーショナル・アプローチは、人的資源管理システムを諸施策の束ととらえており、人的資源管理システムにおける諸施策の整合性を重視している。

　これら三つのアプローチのいずれも、企業が人的資源管理を進めるにあたって、重要な視点を提供している。

2 人事部門の役割

2-1　戦略パートナーとしての人事部門

　人的資源管理についての考え方が戦略的な志向を強めるにつれて、人事部門に期待される役割も変容する。従来の人的資源管理の考え方においては、現場におけるライン管理者の人事面における役割が重視されたが、戦略的人的資源管理の考え方においては、人的資源としての従業員や人的資源管理システムにおける戦略的意義が重視されている。それにともない、人事部門は企業の戦略に資する役割を担うこととなる。

　この点、ウルリッチは『MBAの人材戦略』の中で、人事部や人事システムについて、何をするかあるいは何ができるかという視点（doable）ではなく、どういう価値や結果をもたらすのかという視点（deliverables：デリバラブル）が重要であると指摘している。ここでいうデリバラブルは、人事部にとって他部署のビジネス・パートナーとしての目標設定と解釈され、人事部は企業や他部署に高い価値を提供するものに変化すべきであるとされる。人事部のデリバラブルを具体的に示すと、①戦略を達成すること、②生産性の高い組織の仕組みを築くこと、③従業員のコミットメントとコンピテンシーを向上させること、④組織の変革を実現すること、の四つである。

　このように、人事部門は、従来のあり方から戦略パートナーへの転換が要請されるようになった。

2-2　日本企業における動向

　日本企業における人事部門は、採用や配置、人的資源の育成に積極的に関与していることが多い。日本企業は、従来より人的資源を重要な経営資源と考えており、経営者も人事部門を重要視してきた。そうした視点に立つならば、日本企業におけ

る人事部門に大きな変更は必要ないと考えることも可能である。

確かに、従来から日本企業の人事部門は、従業員を重要な経営資源と認識して、さまざまな施策に取り組んできている。しかしながら、人的資源管理システムについて、戦略との適合性を明確に意識してきたかというと、必ずしもそうはいえない。近年、戦略人事という言葉が用いられるようになったり、企業によっては自らの人事部門を戦略人事部と名称変更していたりすることに鑑みると、日本企業も戦略と人的資源管理システムの適合性を意識するようになってきたことを理解できる。

日本企業の人事部門は、人的資源管理システムの構築や人的資源管理についての諸施策を実行するにあたって、企業戦略への貢献を認識し、経営者の戦略パートナーとして活動しなければならない。その視点からすると、現状において、日本企業の人事部門は過渡期にあるといえる。今後の人事部門のあり方については、まだ模索状態にある。

【参考文献】
1）伊丹敬之『経営戦略の論理（第4版）』日本経済新聞社、2012年
2）蔡芒錫「経営戦略と人材マネジメント：戦略的人的資源管理論」『MBA 人材マネジメント』中央経済社、2002年
3）ウルリッチ『MBAの人材戦略』梅津祐良訳、日本能率協会マネジメントセンター、1997年
4）フェファー『人材を活かす企業—「人材」と「利益」の方程式』佐藤洋一訳、翔泳社、2010年

第7章 キャリア形成と能力開発

　1990年代のバブル崩壊に端を発する失われた10年、2000年代のリーマンショックと続き、景気低迷の出口が見えない状況にある中、情報技術が格段のスピードで発達し、世の中に普及して、瞬く間に情報化社会となった。グローバリゼーションも確実に進み、一人ひとりの価値観が多様化していった。2000年代初頭は、リストラクチャリングが相次ぎ、日本型経営の根幹をなす終身雇用制度が揺らぎ、成果主義導入の試行錯誤が始まった時代である。また、労使双方のニーズ（人件費抑制やワーク・ライフ・バランスなど）によって雇い方・働き方が多様化していったのもこの時代である。

　日本経済団体連合会による意見書「主体的なキャリア形成の必要性と支援のあり方―組織と個人の視点のマッチング―」に代表されるように、「自ら主体的に考え行動する人」、すなわち自律型人材の育成が重要と考えられるようになった。例えば、キャリア開発について、「企業主導のキャリア形成から主体的なキャリア形成へ」と謳われている。そこでは、従業員一人ひとり、能力や意欲に応じて自分自身で選ぶことができる教育訓練のメニューを用意するなど、従業員が主体的にキャリア形成に取り組むことができるよう支援することが企業に求められる。もちろん、従業員にとって能力開発は、自己責任となる。

　キャリアを中心的課題とする本章においては、まず個人による主体的なキャリア形成と組織による支援について検討し、キャリア形成にまつわる人的資源管理の要素として、雇用管理と教育訓練について検討を加えていく。

1 職業能力・キャリア形成のためのステップ――雇用管理

1-1　キャリア開発

(1) 自律的なキャリア形成

　キャリアには、生涯にわたる職業に関するプロセス、関連した職務の連鎖、職業だけでなく人生そのもの（ワークキャリアに対してライフキャリアという）など、

いろいろな意味がある。さらに、ワークキャリアに関していえば、一つの会社の中で形成される組織内キャリアもあれば、一つの会社に限定されない、複数の組織にわたって形成されるバウンダリーレス（境界なき）・キャリアもある。

例えば、組織人に対する仕事人という考え方がある。仕事人は、組織に対して一体化する（忠誠心）のではなく、組織に所属しながらも仕事に対して一体化し、仕事を通して自分の目的を達成する。もちろん、仕事人が組織に貢献しないわけではない。あくまで、「仕事を通して」貢献するのである。仕事こそが生きがいをもたらすのである。

そして、仕事人のキャリアは、一つの組織の中で形成されるとは限らない（バウンダリーレス・キャリア）。また、所属する組織以外の組織（専門家団体など）にもコミットすることが多い。職務経歴やキャリアパス（配置転換のルート）とほとんど同義のキャリアの客観的側面（客観的キャリア）と、客観的キャリアに意味を与える価値や態度の変化という主観的側面（主観的キャリア）もある。

自律型人材のキャリア開発のイメージは、従業員一人ひとりが自分自身の能力や意欲を理解し、将来をしっかりと見すえ、教育訓練の機会を選択し、能力開発に主体的に取り組んでいくというものである。自分自身でキャリアをデザインしていくにあたり、自己管理のもと、環境の変化に対応してキャリアを変幻自在にしていかなければならない（プロティアン・キャリア）。

キャリアに関して、トランジッションという考え方がある。トランジッションとは、転機、節目、移行といった意味である。ニコルソンは、キャリアの節目において、①新しい世界に入る準備段階、②実際にその世界にはじめて入っていって、いろいろ新たなことに遭遇する段階、③新しい世界に徐々に溶け込み順応していく段階、④もうこの世界は新しいとはいえないほど慣れて、落ち着いていく（安定化）段階、を踏むとしている。キャリアについて自然に身をまかす（キャリア・ドリフト）ことも、良いものに出合い、偶然を活かすうえで必要としながらも、節目においては、やはりキャリアについてデザインすることが重要であると考えられる。

シャインは、自分自身でキャリアをデザインするとき、キャリアのあり方を導き、方向づけるセルフイメージ（主観的キャリアの一つである）のタイプとして、キャリア・アンカーについて検討することを提唱する。職業体験を振り返り、動機（何をしたいのか）、能力（何ができるのか）、価値（どんな意味があるのか）を問い続ける中で、キャリア・アンカーが発見できるという。

シャインが考えるキャリア・アンカーは、①専門・職能別コンピテンス（知識や技能を追求し、スペシャリストやエキスパートを目指す）、②全般管理コンピテンス（組織におけるさまざまな経験を求め、ゼネラリストを目指す）、③自立・独立（規則に縛られず、自分自身で仕事のやり方を決める）、④保障・安定（生活の保障や安定を第一とする）、⑤起業家的創造性（アイデアでビジネスを起こすことに関心がある）、⑥奉仕・社会貢献（人の役に立っている感覚を大切にする）、⑦純粋な挑戦（解決が困難な課題やとても高い目標にチャレンジすることを好む）、⑧生活様式（仕事と仕事以外の生活のバランスをとることに価値を置く）、である。キャリア・アンカーに基づいて、職業あるいは職務とのマッチングが検討され、選択がなされる。すなわち、客観的キャリア化がなされるのである。

また、セルフイメージとしてのキャリアを実際の組織において考える（組織内キャリア）うえで参考になるモデルをシャインが提案しているので、紹介しておく。組織内キャリアについて、「階層次元」、「職能ないし技術の次元」、「部内者化または中心性の次元」で把握するモデルである（図表7－1）。

「階層次元」とは、いわゆる昇進・昇格しながら、所属の職業ないし組織内で一定水準に到達することである。（図表7－1の）円錐体の高さの移動であり、垂直的キャリアといえる。「職能ないし技術の次元」とは、いわゆる配置転換であり、例えば、エンジニアなど専門的な分野における才能と技術の混合である。円錐体の円周の移動であり、水平的キャリアといえる。「部内者化または中心性の次元」とは、ある人の学習量が増え、職業ないし組織の年長者たちから信頼されるようになり、在職権を得て責任を引き受けるにつれて、その人は部内者化、つまりメンバーシップの次元に沿い、組織の核へと向かうものである。円錐体の中心に向かう半径の移動であり、「職能ないし技術の次元」とは異なる水平的キャリアといえる。

(2) キャリア形成支援の取組み

自分自身でキャリアをデザインするといっても、キャリア形成にあたり、組織にまったく頼らないわけではない。個人による自律的キャリアの形成を支援する組織の仕組みが必要となるのである。管理職のみならず、専門職や専任職という選択肢があること、専門職制度や複線型人事制度があることは、自律的キャリアの形成にとって必要不可欠である。また、会社にいわれるがままではなく、自分の意志で選択することからすれば、配置転換における自己申告制度、社内公募制度、社内FA

図表 7 − 1　組織内キャリアのモデル

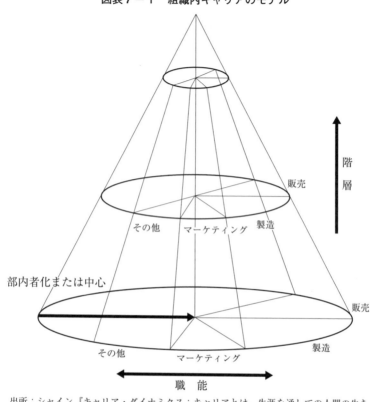

出所：シャイン『キャリア・ダイナミクス：キャリアとは、生涯を通しての人間の生き方・表現である』二村敏子・三善勝代訳、白桃書房

制度など、擬似労働市場の構築が求められるだろう。疑似労働市場の構築については、次の雇用管理のところで詳しく検討する。

　これ以上、昇進・昇格が望めない、キャリアの停滞状態（キャリア・プラトー）は、モチベーションの低下をもたらすが、昇進・昇格という客観的キャリアから主観的キャリアに目を向けることによって、仕事そのものにやりがいを見い出すことができるかもしれない。自律的キャリアを形成する支援の仕組みについて、より主観的キャリアに力点をおくならば、キャリアカウンセラーの存在が大きくなる。キャリアを形成するにあたり、例えば、転職をするかどうかなど、人々は分岐点で人生（ライフキャリア）を左右する選択を迫られる。葛藤する自問自答の日々を送ることもあるかもしれない。キャリアストレスである。ライフキャリアおよびワー

クキャリアの開発について相談でき、診断をし、助言もしてくれる専門のキャリアカウンセラーが必要になる。

宮城まり子氏によれば、キャリアカウンセリングには、①ライフキャリアに関する正しい自己理解を促す、②職業選択、キャリアの方向性の選択における意思決定の支援を行う、③キャリア目標達成のための戦略策定の支援を行う、④ライフキャリアデザイン、キャリアプランなどキャリア開発支援を行う、⑤キャリアに関するさまざまな情報提供を行い支援を行う、⑥社会・職場へのよりよい適応、個人のライフキャリアの発達支援を行う、⑦生きること、働くことへの動機づけと自尊感情の維持とさらなる向上の支援を行う、⑧キャリア不安、キャリアに関する葛藤など情緒的な問題解決の支援を行う、という機能があるという。

一方、管理職においても、部下のキャリア上の相談に乗り、希望を把握し、目標を示すことなどが求められる。管理職に対して、傾聴や承認、質問によって部下を問題解決に導くコーチングなどのスキルを身につけさせることも考えなければならない。しかし、プレイングマネージャー化する管理者は、自身が抱える業務で多忙であり、業績追求のプレッシャーの中、部下の能力開発やキャリア形成に時間を割く余裕がないという問題がある。若年者が抱えるキャリアの悩みに関して、必ずしも上司と限らない、メンターが相談に乗る制度も存在する。インフォーマルな人間関係の中で、年長者がメンターとなって若年者（支援される側をプロテジェという）を個人的に支援するメンタリング機能も注目されている。

1-2 雇用管理

(1) 多様化する雇用形態

企業に直接雇用されている労働者のうち正社員は、雇用期間に定めがない無期契約労働者であり、フルタイム勤務である。正社員の中でも、非管理職群の場合、総合職や一般職といった区分がある。総合職が基幹的な業務を、一般職が補助的な業務をそれぞれ担当する。総合職は、将来、管理職群を目指すものである（一般職は、昇格・昇進が抑えられる傾向にある）。また、総合職が転勤を課されるのに対して、一般職は地域限定採用であることが多い。総合職と一般職の間で、コース変更は可能である。

管理職群においては、管理職、専門職、専任職という区分がある。管理職は、指揮命令など組織の運営にあたる。専門職は、高度な専門知識や技能を要する職務に

つくスペシャリストである。専任職は、豊富な経験や業務への精通を要する職務につくエキスパートである。このように、複数のキャリアコースがあることを、複線型人事制度という。複線型人事制度は、減速経済下の慢性的な（管理職）ポスト不足を解消する手段としての意味もあるが、スペシャリストあるいはエキスパートとして出世の階段を登る道が示されることで、モチベーションの維持につながる効果もある。イノベーション競争の時代、スペシャリストやエキスパートに対するニーズは、大きいものになっている。

　有期契約労働者のうち契約社員は、正社員と同様のフルタイム勤務であり、社会保険加入や有給休暇取得などの扱いは、正社員に準ずるものである。他方、パートタイム勤務なのが、パートタイマー、アルバイト、嘱託（定年退職後の正社員を短時間労働者として再雇用する）である。短時間労働者（パートタイム労働者）とは、「１週間の所定労働時間が同一の事業所に雇用される通常の労働者の１週間の所定労働時間に比べて短い労働者」である（短時間労働者の雇用管理の改善等に関する法律）。

　派遣労働者と請負労働者は、その企業に直接雇用されていない、いわゆる派遣元・請負元企業に雇用されている労働者である。派遣労働者が派遣先において派遣先の指揮命令下にあるのに対して、請負労働者は請負先において請負元の指揮命令下にあるところが異なる。

　以上のさまざまな雇用形態を、①長期蓄積能力活用型グループ、②高度専門能力活用型グループ、③雇用柔軟型グループに分類し、これらを効果的に組み合わせていこうとするのが、日本経営者団体連盟が示す雇用ポートフォリオである（図表７－２）。雇用ポートフォリオにより、労働者は個人の事情や意志に基づきさまざまな働き方ができるようになるし、企業は経済状況の変化に柔軟に対応でき、人件費コストを削減できるようになるのである。

(2) 配置転換（擬似労働市場の形成）

　初任配属のまま定年を迎えるケースはほとんどなく、多かれ少なかれ職場が変わる体験をする。いわゆる、人事異動である。人事異動には、職務が変わる水平的なもの（配置転換）、地位が変わる垂直的なもの（昇進・昇格）がある。ここではまず、配置転換について検討していこう。

　同一の職場における職務の変化のことを、ローテーションという。同一の職能

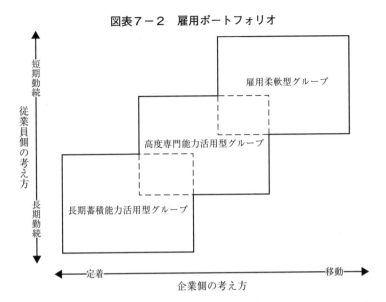

図表7−2　雇用ポートフォリオ

（注）1　雇用形態の典型的な分類
　　　2　各グループ間の移動は可

出所：新・日本的経営システム等研究プロジェクト『新時代の「日本的経営」―挑戦すべき方向とその具体策―』日本経営者団体連盟

（例：営業のまま）における職場の変化もあれば、異なる職能間（例：営業から人事へ）の職場の変化もある。異なる事業所間の職場の変化もあり、これは転勤と呼ばれる。

　配置転換が行われる理由として、何よりも適材適所を図ることがあげられる。従業員自身も適性が発見できるし、能力を開発する機会を得ることになる。また、配置転換によって、異なる職場や部門間の交流が図られる。これまで日本企業は、配置転換によりさまざまな職能を経験させることでゼネラリストを育成しようとする傾向にあるといわれてきたが、実際のところは、同一の職能・職場の配置転換が多く、あくまで欧米との比較という意味合いが強いとされる。

　配置転換は、職場や部門のバランスを考慮し、調整を図りながら人事部門が決めていくものであるが、職場や部門の責任者（管理者）が配置転換を決めるケースも多い。これが、同一の職能・職場内の配置転換が多い理由の一つでもある。しかし、いくら人事部門や管理者に配置転換の権限があるといっても、従業員本人の希望を無視するわけではない。本人の希望に基づく配置転換であるからこそ、モチ

ベーションの維持や主体的・自律的なキャリア形成につながるのである。そこで、ここからは、従業員の意志が反映される、自己申告制度、社内公募制度、社内FA（フリーエージェント）制度をみていこう。

①自己申告制度

配置転換に関する本人の希望を申告してもらい、データとして人事部門が蓄積しておき、本人と管理者との面談において活用したり、人事部門や管理者が本人の配置転換を検討する際に参考にしたりするものである。

②社内公募制度

業務内容などを明示して社内に向けて募集をかけ、希望する者が自由に応募できる制度である（上司の許可を必要としない）。書類選考、面接を経て、配置転換が決まる。社内公募制度によって、人事部門が蓄積しているデータではわからない（隠れた）人材を発掘できる。また、上司による有能な部下の囲い込みという弊害を取り除き、組織活性化に一役買うものである。

③社内FA制度

プロ野球のそれと同様、何らかの基準を満たし資格を獲得した者がFA宣言をし（上司の許可を必要としない）、希望する部署に公募のあるなしにかかわらずアピールしたり、スカウトを待つことができる制度である。

社内公募制度と社内FA制度は、社内に疑似的な労働市場を形成するものであり、前者が求人型であるのに対して、後者は求職型であるといえよう。

最後に、出向と転籍について触れておく。両者とも、同一グループの他企業間の職場の変化である。出向においては、出向元の企業との雇用関係を維持したまま、出向先の企業の指揮命令下に入る（出向先の就業規則に従う）。雇用関係が継続しているので、出向元の企業に戻ることができる。グループ企業間の関係強化策として実施されることが多い。転籍においては、転籍元の企業との雇用関係は終了し、指揮命令下に入る転籍先の企業と雇用関係を締結する。

(3) 社員格付け（等級）制度

社員格付け（等級）制度とは、ある基準によって社員を序列化（ランキング）することで、このランキングによって給与や役職が決まる。人事処遇制度の根幹をなすものであり、職務遂行能力をランキングの基準とする職能資格制度と、職務そのものの価値をランキングの基準とする職務等級（ジョブ・グレイド）制度がある。

①職能資格制度

職務遂行能力（以下、「職能」）にランクをつけて分類するのが、職能資格制度である。ランクごとに基準となる職能要件が設定され、職能要件をクリアすることで資格が獲得でき、給与や役職など処遇が決まる。業績評価をはじめとする人事考課やランクの経験年数（滞留年数）などが考慮され、資格があるかどうか判断される。資格としてのランクは、初級、中級、上級、主事、参事、理事といった名称が一般的である。これらの資格と役職、すなわち、係長、課長、次長、部長などがリンクする。一つの資格等級が複数の役職と対応しており、例えば、参事であっても、課長になれるとは限らない（係長のままの場合もある）のであって、役職がない管理職（管理職は資格の一群を指す）も存在しうる。上位資格への昇格が先行し、上位役職への昇進が追随する（図表7－3）。

日本において職能資格制度が導入された背景には、旧来の年功序列制度による人件費高騰の回避、減速経済下の（管理職）ポスト不足といったものがある。職能資

図表7－3　職能資格制度のモデル

職階区分	等級	呼称	資格対応職位					初任格付	最短滞留年数
管理職能	M-3(10)	理事					部長		－
	M-2(9)	参与				次長			6年
	M-1(8)	副参与							5年
指導・監督職能	S-3(7)	参事			課長				3年
	S-2(6)	副参事		係長					3年
	S-1(5)	主事	主任						2年
一般職能	J-4(4)	主事補							2年
	J-3(3)	－						大学院修士卒	2年
	J-2(2)	－						大学卒	1年
	J-1(1)	－						短大卒高校卒	2年4年

出所：安藤史江『コア・テキスト人的資源管理』新世社

格制度は、ともすると年功序列制度に近いものになってしまいコストがかかる欠点がある一方で、資格と職務の関係が緩やかなため、配置転換がしやすく、組織編成の柔軟さをもたらすという利点もある。また、役職と資格が分離され、役職昇進できなくても資格昇格はできるため、モチベーションの維持につながる。

②職務等級制度

他方、欧米においてよくみられる職務等級制度は、職務分析によって職務の中身を明確にすることから始まる（職務記述書）。職務内容に対して、難易度などさまざまな尺度を使って評価がなされ、職務価値が決まる。職務価値に基づいてそれぞれの職務がランキングされ、職務をこなす社員もランキングされる。そこに、属人的要素が入り込む余地はなく、同一労働同一賃金になる。なお、職務等級制度のベースとなる職務の分析や評価といった作業はかなり煩雑であり、コストもかかる。職務よりもっと大きなまとまりである役割（ミッション）に基づいてランキングする役割等級制度も考案されている。

(4) 昇進・昇格

下位の等級から上位の等級へ異動し、地位が変わる垂直的な人事異動が、昇進・昇格である。職能資格制度の下、係長から課長への異動など、上位役職へ地位が変わるのが、役職上の昇進である。主事から参事へなど、上位資格への異動が職能資格上の昇進であり、昇格と呼ばれる。そして、上位資格への昇格が先行し、上位役職への昇進が追随するのが、職能資格制度の特徴である。（資格）昇格の是非は、必要滞留年数が満たされているか、人事考課が一定の水準を超えているかによって判断される。対して（役職）昇進は、部門の売上や利益と関係があるため、部門責任者（例えば、事業部長）が大きく関与し、人事部門が組織全体のバランスに配慮しながら、さまざまな要素を総合的に勘案して決める。

もとより、組織はピラミッド構造であるため、役職者は、上位者になるにつれて少なくなる。また、昇格や昇進は、基本給のうち職務給の引上げ、役職手当の支払いをともなうものであり、人件費高騰をもたらす要因である。したがって、昇進や昇格を管理するうえで、「選抜」は必要不可欠なのである（いわゆる、出世競争である）。

では、日本企業における昇進・昇格のあり方はどのようなものだろうか。入社年次が同じ（同一年次）、いわゆる同期が、勤続年数が増えるにつれて一緒に職位が

図表7-4　重層型昇進構造

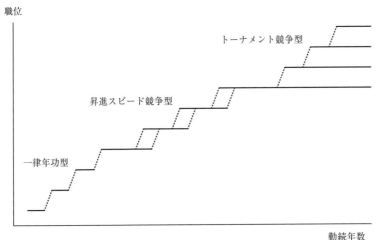

出所：上林憲雄・厨子直之・森田雅也『経験から学ぶ人的資源管理』有斐閣

上がっていく一律年功モデルは、組織がピラミッド構造であるため、限界がある。能力の格差も生じてくるので、遅かれ早かれ、同期の間で昇進できる者とできない者が出てくる。

　日本企業の昇進構造に関して、以下の指摘（重層型昇進構造）がある。入社後数年間は、同期の間で昇進・昇格の差がない一律年功である（同一年次同時昇進）。一定期間後、昇進できる者とできない者が生じてくる。これを第一選抜という。しかし、昇進できないといっても、昇進のタイミングがずれる（遅れる）だけであったり、敗者復活もあったりするので、昇進スピード競争になるのである。さらに、一定期間を経て、昇進できない者が同一役職・資格に滞留し、トーナメント競争へと移行する。このように、一律年功型から昇進スピード競争型、トーナメント競争型へと移行するのが、日本企業の昇進・昇格のあり方、重層型昇進構造なのである（図表7-4）。

　欧米企業がトーナメント競争の下、幹部候補生の選抜が早い段階で行われるファスト・トラック型であるのに対して、日本企業は、重層的昇進構造の下、幹部候補生の絞り込みが遅くなる（遅い選抜方式）。勝敗が早期についてしまわないのでモチベーションを維持しやすい、競争が長期にわたるので能力開発など継続的学習がなされやすい、長期にわたり複数の上司による評価の結果として昇進・昇格するの

で評価の精度が上がる、というメリットが遅い選抜方式にはある。他方、デメリットとして、競争が過剰になりがちで疲弊を招いてしまったり、幹部候補生の育成という視点からすれば効率の悪さが目立つことがあげられる。

2 職業能力・エンプロイアビリティ開発への取組み ——教育訓練管理

2-1 教育訓練

　人的資源（ヒト）は、その他の経営資源（モノ、カネ、情報など）に働きかける存在であるが、自身にも働きかけて、質的にも量的にも変化させる、すなわち、成長させることができる存在である。企業は教育や訓練を施すことで、従業員の知識やスキルなど能力（職務遂行能力）を高め、業績を向上させ、経営戦略を実現していく。

　技術革新に代表される世の中のめまぐるしい変化の中で、職務のやり方がまったく違ってしまったり、専門的な知識や技能が他のものに取って替わられてしまったりする。日本型経営が揺らぎ、一つの企業でキャリアを形成していく時代でもなくなり、組織をまたぐバウンダリーレス・キャリアを視野に入れて、労働移動を可能にする（雇用されうる）能力である「エンプロイアビリティ（employability）」を向上させることも必要になる。組織の命運と個人の将来が、教育訓練にかかっているといっても過言ではない。

　教育訓練は、OJT、Off-JT、自己啓発の三つに分類されるのが一般的である。

(1) OJT（On the Job Training）

　職場における教育訓練であり、実際に職務を遂行しながら上司や先輩から直接、指導される。コストがかからず、一人ひとりの能力や意欲に応じてきめ細かな指導ができ、フィードバックが確認しやすいなど効率がとても良い。マニュアル化しにくい暗黙知を体得できることもメリットの一つである。

　反面、教える側・教わる側の意欲に左右されるデメリットもよく指摘される。また、上司や先輩の忙しさのあまり、おざなりにされてしまうという声もきく。そして、OJTでは体系的な知識や職務以外の能力がなかなか身につかないこともあり、Off-JTや自己啓発と併用していくことが必要となる。

(2) Off-JT（Off the Job Training）

　職場を離れ、集団で講義を受けたり、演習（グループワーク）に取り組んだりする集合研修である。社外の研究機関で実施されることもある。新入社員研修のような階層別研修、技術者研修のような職能別研修、セカンドキャリア（退職準備生活設計）研修のような課題別研修などがある。階層別研修や職能別研修があることから、Off-JTと職能資格制度は、関連が深いことがわかるだろう。

　Off-JTにより、日常の業務の中で学ぶことが難しい最新かつ高度な知識や技能を身につけることができる。日頃の業務における経験やノウハウを振り返り、整理し直す機会にもなる。また、社内にせよ、社外にせよ、日常業務の中でかかわらない人々とのネットワークを形成するきっかけになるかもしれない。しかし、OJTと違って、（講師料など）コストがかかり、日常の業務に対する効果がわかりにくいというデメリットもある。

(3) 自己啓発

　従業員が、自分の意志と判断で、能力の開発に取り組むことである。例えば、就業後に社会人向けの大学院に通ったり、通信教育で資格取得を目指したりすることである。自分自身のやりたいこと、興味や関心のある内容を学習することができる。

　自己啓発にかかる時間やコストは、従業員自身が負担するものであるが、情報の提供や資金の補助、時間の配慮など、企業側が自己啓発を支援しているケースが多い。

2－2　教育訓練と能力開発

　次に、教育訓練によって開発される能力について考えてみよう。従業員の能力は、「企業特殊能力」と「一般能力」に区別される。企業特殊能力は、読んで字のごとく、ある特定の企業でしか通用しない能力である。一方、一般能力は、どの企業でも通用する汎用的な能力である。一般能力を身につけることで、エンプロイアビリティが上がる。しかし、経営戦略上、差別化につながるのは、企業特殊能力である。企業にとってのコア人材となるためには、企業特殊能力も身につけなければならない。一概にはいえないが、OJTは主に企業特殊能力を、自己啓発は主に一般能力を、Off-JTは両方を獲得する教育訓練であると考えられる。

　他方、「潜在能力」と「顕在能力」という区別もある。潜在能力が顕在化し、顕在能力となってはじめて成果につながる。職能資格制度は、潜在能力を評価しよう

とするものであり、潜在能力を高めることが教育訓練の目的の一つではある。しかし、潜在能力がいくらあっても、意識や意欲がともなわなかったり、人間関係がうまくいかなければ、結果につながらない（顕在能力にならない）。顕在能力を高めるうえで、コンピテンシーに着目するのもいいだろう。また、教育訓練以外の人的資源開発の要素である目標管理制度やビジネス・コーチング、チームビルディング（組織開発手法）といったものを効果的に組み合わせていくことも重要である。

　従業員に対する教育訓練において、企業内大学ともいわれるコーポレートユニバーシティの取組みも見逃せない。コーポレートユニバーシティは、Off-JT（階層別研修、職能別研修、課題別研修）にコースを設けるなどして、体系化、最適化、可視化していき、一人ひとりの能力や意欲に応じて、自分に合った研修が選択できるものとなっている。つまり、コーポレートユニバーシティは、キャリア形成支援のプラットフォームとして機能するのである。

2-3　後継者育成

　次世代経営幹部をどのように選抜し、どのような教育をするかも、キャリア開発における課題の一つになっている。そのような中、ジェネラル・エレクトリック社の取組みから有名になったサクセッション・プランが注目されている。（経営者の）後継者を決めるプロセスをガラスばりにすることは、コーポレート・ガバナンス上、好ましいものであり、経営者に必要な知識やスキルを明確にすることにもつながる。経営幹部に相応しい人材を早期に選抜し、後継者として育成していくことは、経営者の若返りという意味でも望ましい。しかし、選抜方法の難しさや選抜に漏れた者のモチベーション低下など、問題があることも事実である。

　以前、筆者はジェネラル・エレクトリック社のサクセッション・プランに関する講演を聴く機会があったが、後継者の一番の条件に「経営理念やビジョンに対する理解」があげられていたことが印象的であった。経営戦略と人的資源の関係について考えてみると、経営戦略を実現できる特徴的な人的資源を保有する、さらには環境の変化に合わせて経営戦略を転換しても対応できるよう幅広い（多種多様な）人的資源を保有することも大切である。各企業の経営戦略の根幹にあり、経営戦略をいかに転換しようとも変わらないものは、経営理念やビジョンである。後継者育成だけでなく、組織内キャリアを開発するにあたり、経営理念やビジョンの理解は、欠かせないものであると考えられる。

【参考文献】

1) シャイン『キャリア・ダイナミクス：キャリアとは、生涯を通しての人間の生き方・表現である』二村敏子・三善勝代訳、白桃書房、1991年
   Schein, E. H. [1978], Career Dynamics：Matching Individual and Organizational Needs, Reading, MA：Addison-Wesley.
2) 安藤史江『コア・テキスト人的資源管理』新世社、2008年
3) 今田幸子・平田周一『ホワイトカラーの昇進構造』日本労働研究機構、1995年
4) 大嶋淳俊「コーポレートユニバーシティ論 序説（日本の教育・人材育成）」三菱UFJリサーチ&コンサルティング『季刊政策・経営研究』2009年
5) 太田肇『「個力」を活かせる組織―プロフェッショナル時代への企業革新―』日本経済新聞社、2000年
6) 梶原豊『人材開発論―人材開発活動の実践的・体系的研究―（増補版）』白桃書房、2001年
7) 金井壽宏『働くひとのためのキャリア・デザイン』PHP研究所、2002年
8) 今野浩一郎・佐藤博樹『人事管理入門（第2版）』日本経済新聞社、2009年
9) 産労総合研究所「2012年 選抜型の経営幹部育成に関する実態調査」
10) 新日本的経営システム等研究プロジェクト『新時代の「日本的経営」―挑戦すべき方向とその具体策―』日本経営者団体連盟、1995年
11) 日本経済団体連合会「主体的なキャリア形成の必要性と支援のあり方―組織と個人の視点のマッチング―」2006年
12) 宮城まり子「キャリアカウンセリングはどのように活用するのか」『日本労働政策研究雑誌』525号、労働政策研究・研修機構、2004年
13) 宮島裕「自律的キャリアの課題についての一考察―自律的キャリアと組織の関係―」目白大学『経営学研究』第10号、2012年
14) 八代充史『大企業ホワイトカラーのキャリア―異動と昇進の実証分析』日本労働研究機構、1995年

第8章 モチベーション管理と賃金管理

1 モチベーション・モラール発揮のための環境づくり——人間関係管理

1-1 ホーソン実験

　1924年、ウエスタン・エレクトリック社（アメリカの電信電話会社 AT＆T の子会社）のホーソン工場で、ある実験が始まった。照明が作業能率にいかなる影響を与えるかという実験は、当初の予想と異なる結果となり、研究者を困惑させることになった。照明を暗くしても、能率は上がり続けたのである。

　さらに、リレー・スイッチの組立作業に従事する女性6名が被験者となって、特別手当を増やす、休憩時間を増やす、作業時間を減らすなど条件を変更し、（もちろん、能率は上がる）、最後に元に戻したところ、またもや、能率は上がり続けたのである。被験者にインタビューをしてみると、自分たちが被験者として選ばれ、注目されたこと（ホーソン効果：Hawthorne effect）、また、研究者が自分たちの意見に耳を傾けてくれ、実験に意見が反映されたことなどが、被験者の心理状態に変化をもたらしていることがわかった。

　続いて、工場全体に対象を拡大して、面接実験が実施された。実験者（途中から監督者が実験者を兼ねるようになった）は、権威的にふるまうのではなく、被験者の声に耳を傾け、自由に意見を述べてもらう非指示的方法がとられた。面接実験の結果、不満や苦情といったものは、必ずしも言葉通りではなく（容易に偽装される）、本人を取り巻く職場の状況や本人の個人的な状況に照らし合わせてみて、はじめて理解できることがわかった。

　不満や苦情など、被験者の感情を左右する職場の状況の一つであるインフォーマルな集団（非公式組織）についてさらに研究すべく、バンク捲取観察室という実験が実施された。バンク捲取観察室は、9名の捲線工、3名のハンダ工、2名の検査工が構成する職場の状況を観察するものであった。実験の結果、バンク捲取観察室の中で、仲間集団（クリーク）が形成され、仲間集団の間で集団規範が生まれて、

個人に対して圧力がかかっていたのである。集団規範とは、（自分たちが決めた水準より）働き過ぎるな（ルール破り）、怠け過ぎるな（サボり）、仲間に迷惑になることを監督者に言うな（密告者）、おせっかいをするな、偉ぶるな（検査工ぶるな）という内容であった。集団規範を守れなければ、仲間集団からはじき出された。

　ホーソン実験によって、テイラーなどによる古典派管理論の前提となっていた管理者の命令に一方的に従うだけの「受動的な機械」という労働者像がくつがえされることになったのである。ホーソン実験の指揮にあたったメイヨーによれば、人間は、①孤立した個人ではなく、社会的人間であり、②自己の所属する集団の規範に強く規制されて行動し、③非論理的側面を強くもち、社会はこのような人間による協働システムにほかならないのである。なかでも、非公式組織は、（公式組織のように）コストと能率の論理が支配する世界ではなく、感情の論理が支配する世界である。非公式組織は、公式組織の中に自然発生するものであり、人間はコストや能率の論理と感情の論理との均衡をとることが必要である。そして、技術的スキルによって経済的欲求を満たすことばかりに気をとられ、社会的スキルによって精神的欲求を満たすことをなおざりにしていると、産業社会に警鐘を鳴らすのである。

　ホーソン実験の結果を受け継ぎ、モチベーション理論において、「①従業員を動機づける場合、賃金などの金銭的報酬よりも、達成感や他者からの賞賛といった、非金銭的報酬を用いる方が効果的である、②従業員により多くの職務や幅の広い職務を割り当てて、多くの権限や責任を与える方が、従業員個人だけでなく組織全体の生産性向上に役立つ」という発見がなされた（田尾雅夫編集『組織行動の社会心理学―組織の中を生きる人間のこころと行動―』）。

　ホーソン実験を端緒とする人間関係論は、モチベーション理論のような個人を対象とする理論のみならず、以下に取り扱う集団あるいは組織を対象とする諸々の理論にも影響を及ぼすこととなった。ここではまず、集団や組織が本質的に抱える硬直化の問題について検討し、組織開発や学習する組織について理解を深め、硬直化から脱却する活性化の方法を考えていこう。

1－2　組織の硬直化と活性化

(1) 組織の硬直化（organizational rigidity）

　組織硬直化を検討するにあたり、まず、人間関係論における非公式組織に代表される集団がもっている標準化や斉一化、構造化の機能について考えてみよう。ホー

ソン実験において発生が確認された集団規範は、メンバーに共有される思考や行動の基準であり、メンバーとしての振る舞い（態度や行動）を明確にしたものである。集団規範が形成されることで、メンバーの思考や行動が標準化され、斉一化される。メンバーは、集団規範に従うことが求められ（同調圧力）、逸脱しようものなら、無視されるなどの制裁を受けることになる。

集団においては、規範のみならず、役割や地位も分化してくる。職場集団にはもちろん、公式的な役割や地位がある（職務分担）。しかし、御意見番といった言葉があるように、非公式的な役割や地位も存在する。集団において、役割や地位は、公式・非公式を問わず、構造化されていく。

集団を取り巻く環境の変化などにより、新規の課題に取り組むときに、規範や役割、地位は、修正・変更を迫られる。しかし、集団をよく機能させるべく始まる標準化や斉一化、構造化の流れは、走り出してしまえば食い止めることは容易ではなく、修正・変更は難しい。集団は、本来、硬直化するものなのである。

組織には、標準化や斉一化、構造化によって、以下のような硬直化の現象がもたらされる。すなわち、①メンバーの役割と行動が固定し始める、②メンバーの思考様式がだんだんと均質化し、メンバー間の刺激が失われていく、③メンバーによるコミュニケーション・ネットワークが固定化し、ネットワークの中を流れる情報もまた固定化する、④グループの外部の状況や事柄に疎くなり、メンバーの関心が内部のみに向けられるようになる。

(2) 組織の活性化（organizational activation）

組織が活性化されている状態とは、「構成員間のコミュニケーションがよくなり、一人ひとりが挑戦意欲を持ち、やる気をみなぎらしている状態」である（清水龍瑩『大企業の活性化と経営者の役割—大企業経営者のインタビュー・サーベイを中心として—』）。

また、組織が活性化されているときの個人は、「組織と共有している目的・価値を、能動的に実現していこうとする状態」にある（高橋伸夫『経営の再生』）。メンバーと組織が目的・価値を共有できなければ、両者は一体化できない。また、命令の内容をただ受容するタイプが多いことは、無関心である証拠である。メンバーと組織が目的・価値を共有し（一体化度が高く）、無関心度が低いタイプ（問題解決者）の個人が多いとき、組織活性化が進むのである。

1－3　組織開発

　組織開発（organizational development）は、クルト・レヴィンによるTグループやアクション・リサーチ、レンシス・リッカートによるサーベイ・フィードバックを源流とする。Tグループ（T-group あるいは training group）は、トレーナーの支援のもと、自由な空気の中で、参加者が「今、ここ」にあるリアルな事柄について対話を続け、自己開示や他者受容をしながら信頼関係を形成していき、コミュニケーションなど人間関係に関する技能を身につけるプログラムである。

　レヴィンが提唱するアクション・リサーチ（action research）は、計画―実行―評価の反復的あるいは螺旋的なサイクルである。計画にあたり、インタビューや質問紙などによって収集されたデータに基づく現状の把握や分析が必要になる。リッカートのサーベイ・フィードバック（survey feedback）も、アンケート調査によって集団や組織の現状を可視化し、それを回答者にフィードバックすることで、話し合いがなされ、問題点と解決策に対する合意を形成する方法である。

　組織開発の定義にはいろいろとあるが、代表的なものに「組織の健全さ（health）、効果性（effectiveness）、自己革新力（self-renewing capabilities）を高めるために、組織を理解し、発展させ、変革していく、計画的で協働的な過程である」というものがある（中村和彦『入門組織開発―活き活きと働ける職場をつくる―』）。なお、ここでの「健全さ」は、モチベーションや人間関係のことを指すものであり、「効果性」と相まって、PM理論やマネジリアル・グリッドなどの行動科学が、組織開発のベースとなっていることがうかがえる。

　ジョハリの窓（Johari window）は、Tグループにおいて生まれたモデルである。自分が知っている・知っていない自己、他人が知っている・知っていない自己を組み合わせ、4種類の自己が想定される。①開放（自分が知っている・他人が知っている自己）、②秘密（自分が知っている・他人が知っていない自己）、③盲点（自分が知っていない・他人が知っている自己）、④未知（自分が知っていない・他人が知っていない自己）である（図表8－1）。自己開示することで、②が減り、①が増える。フィードバックすることで、③が減り、①が増える。自己開示とフィードバックを通じて、④に気づくこともある（①が増える）。つまり、Tグループなどによるコミュニケーションを通じて、①が増えるのである。①が増えると、より良好な人間関係を築くことができるだろう。

図表8-1　ジョハリの窓

	自分が知っている自己	自分が知っていない自己
他人が知っている自己	① 開　放	③ 盲　点
他人が知っていない自己	② 秘　密	④ 未　知

（①→③方向：フィードバック、①→②方向：自己開示）

　ジョハリの窓のように、組織開発は、個人と個人の間のコミュニケーションの改善など関係性に力点をおいていることが特徴である。コミュニケーションが改善されることで、情報がより共有され、業務が効率的になることはもちろん、会議などで発言がしやすく、意見が聞き入れられることでモチベーションが上がり、組織風土が自由闊達なものへと変容していく。組織開発は、個人が変容することで、組織レベルの変革を計画的に導くような働きかけであるといえるだろう。

　さて、組織開発は、現状の把握・分析の後、アクションの計画―実行―評価が行われるというのが一般的な流れであるが、研究者やコンサルタントがデータを収集し、診断をすることで現状の把握・分析がなされ、クライアントにフィードバックされるのが診断型の組織開発である。一方、クライアント自身が現状の把握・分析を行うのが、対話型の組織開発である。。対話型の組織開発は、問題について皆で率直に意見を出し合い、合意を形成するようなやり方で進められる。

　対話型の組織開発の中には、特定の問題に対する多数のステークホルダー（利害関係者）が一堂に会して対話をしていき、さまざまな立場から問題を検討し、どうすべきか（アクション）の合意を図っていくフューチャーサーチ（future search）まで含まれる。ここに介入する研究者やコンサルタントは、クライアントに気づきが生まれる状況をつくり出す役割を担う。話し合いにおいては、正解が導き出されることが大切なのではない。合意を目指し、皆が率直に意見を交換できるようになることこそが重要なのである。

1−4　学習する組織

(1) 学習する組織とは

　学習とは、個人がするものである。しかし、個人の学習が組織の成果に結びつくとは限らない。さまざまな個人が相互作用をしていく中で、知識やノウハウが創造され、習得され、移転され、結果として組織レベルの知識体系あるいは行動様式が変化していく。

　学習する組織（learning organization）とは、「人々が絶えず、心から望んでいる結果を生み出す能力を拡大させる組織であり、新しい発展的な思考パターンが育まれる組織、共に抱く志が解放される組織、共に学習する方法を人々が継続的に学んでいる組織」である（ピーター・センゲ『学習する組織―システム思考で未来を創造する―』）。また、「目的に向けて効果的に行動するために集団としての意識と能力を継続的に高め、伸ばし続ける組織」ともされる（小田理一郎『「学習する組織」入門―自分・チーム・会社が変わる持続的成長の技術と実践―』）。

(2) ディシプリン

　センゲは、志の育成、内省的な会話の展開、複雑性の理解を中核的な学習能力としている。そして、志の育成のために①自己マスタリー、②共有ビジョン、内省的な会話の展開のために③メンタル・モデル、④チーム学習、複雑性の理解のために⑤システム思考、が必要であり、これらをディシプリンと呼ぶ。ディシプリンは、実践するために勉強し、習得しなければならない理論と手法の体系という意味である。

①自己マスタリー

　自分自身のあり方、なりたい姿を追求する（極める）ことである。まず、到達目標である（個人の）ビジョンを明確にする。そして、ビジョン（理想）と現在の自分（現実）のギャップに、良質で適度な創造的緊張をもって立ち向かう必要がある。プレッシャーに押し潰されたり、目標のなし崩しに至るような感情的緊張となってはならない。

②共有ビジョン

　組織のメンバーが共有する組織のあり方、なりたい姿である。共有ビジョンによって学習の焦点が絞られ、学習のエネルギーが生じる。組織メンバー一人ひとりの共有ビジョンに対する光の当て方（考え方）は違うかもしれないが、それが合わ

さって（相互に作用して）、三次元像、ホログラム（共有ビジョン）になるのである。共有ビジョンに対するメンバーの態度・姿勢として、無関心からコミットメントまで段階がある。そして、自己マスタリーと同じように創造的緊張が必要である。

③ **メンタル・モデル**

思考の枠組みであり、「こういうものだ」と思い込んでいる暗黙の前提のようなものである。メンタル・モデルに気づき、保留し、問い直すことが必要である。口で言っていること（信奉理論）ではなく、行動に表れていること（使用理論）である。振り返り（内省）によって、行動の起点はどこだったのか、メンタル・モデルをあぶり出す。

④ **チーム学習**

メンバーによる話し合いの状況を共創的にすることである。ディスカッションではなく、複雑で微妙な問題を自由かつ創造的に探求し、互いの話にじっくり耳を傾け、自分の考えを保留するダイアローグ（対話）が望ましい。参加者の関係性を変えていくために、内省的な話し方と（相手の立場になる）共感的な聞き方が必要である。また、メンタル・モデルを保留する、すなわち、色眼鏡や決めつけなどを捨てることが求められる。

⑤ **システム思考**

ものごとのつながりを俯瞰し、流れを構造として理解し、どこに問題があるか、どこを解決すればどうなるか（レバレッジ・ポイント）を明確にすることである。望ましくない自己強化型ループ（悪循環）ができあがってしまっていることなどが発見される。

センゲのいう学習する組織は、ダブル・ループ学習の世界である（③メンタル・モデルや④チーム学習）。実行後のフィードバックの結果、誤りが発見された場合、規範や方針（解釈枠組み）に基づいて実行されたかを検討する学習方法がシングル・ループ学習であるのに対して、ダブル・ループ学習は、前提となっている規範や方針そのものに間違いがなかったかどうか検討する学習方法である。

(3) 知識創造

知識創造の概念にも触れておこう。暗黙知と形式知による知識変換が、組織レベルの知識を創造するとされる（野中郁次郎・竹内弘高『知識創造企業』）。暗黙知は、言葉にしにくい、言葉で説明できない知識で、主観的なものであり、形式知

は、文章や図表、数値などによって説明・表現できる客観的な知識である。

　知識変換には、①共同化、共通体験による暗黙知から暗黙知への変換、②表出化、対話に基づく暗黙知から形式知への変換、③連結化、形式知のとりまとめ（収集、分類、統合）による形式知から形式知への変換、④内面化、実践することによる形式知から暗黙知への変換、がある。共同化に始まり、表出化、連結化、内面化を経て再び共同化へという循環的プロセスによって知識創造がなされる（頭文字を取って、"SECI model"と呼ばれている）。

2 | 生活支援によるモチベーション向上──福利厚生（企業福祉）

2-1　福利厚生の現状と課題

　福利厚生とは、従業員やその家族に対して、生活の安定や向上を支援する福祉的な制度である。賃金や給与などの金銭的報酬とは別の非金銭的報酬としてとらえられる。

　わが国では、高度経済成長期において、低賃金で働く若年従業員が多く、これら従業員に対する賃金以外による非金銭的な生活支援が、福利厚生の目的の一つであった。他方で、最低限度の生活を保障する社会保障の代替であり、労働力の確保・定着などの役割も果たしていた。

　この時代の福利厚生は、独身寮や社宅などの住居支援をはじめ、保養所などのレクリエーション施設や運動・給食（食堂）施設など、いわゆる「ハコモノ」と呼ばれる福利厚生の提供が主流であった。企業内の活発なコミュニケーションを図り、従業員の帰属意識や一体感を醸成するうえで、効果的なシステムであった。なお、施設の建物などは、企業の自己所有であることが多く、不動産資産としての意味もあった。

　福利厚生は、従業員の満足度向上、優秀な人材の確保や維持といった、従業員が働くうえでの条件整備を担う役割をもつが、バブル崩壊以降、企業の多くが収益力の低下を招き、業績が厳しくなったことから、法律で定められた以外の（法定外）福利厚生に関しては、多大なコスト負担や事務作業の煩雑さなどもあり、縮小される傾向にある。

　法定外福利厚生は、大企業になるほどスケールメリットを活かし、メニューの拡充によりサービスを充実させることが可能である。一方で、中小零細企業において

は、管理コストの負担が大きいため、メニューを増やすことが難しく、大企業と比較しサービスが限定的である。しかし、近年では、福利厚生サービスを提供するアウトソーシング企業が増加し、さまざまなサービスの中から従業員自身が選択できる、いわゆるカフェテリアプランにより、必ずしも大企業でなくても多様なサービスを享受することが可能となっている。

豊富な選択肢により、福利厚生サービスの充実が図られる一方で、従来の家賃補助などの住宅支援や、財形貯蓄制度による財産形成などの生活保障型の福利厚生については、従業員ニーズの多様化やライフスタイルの変化、非正規雇用労働者の増加など福利厚生をめぐる環境の変化により、従業員間でサービスの利用に差がみられている。これは、「利用率の差」と呼ばれ、福利厚生の課題となっている。また、利用率の差は、従業員間に不公平感をもたらしており、年々、利用率の差が拡大することにより、不公平感は増している。

近年では、福利厚生サービスに対して、メンタルヘルスなどの健康管理や余暇活動サポートをはじめ、育児や介護、健康・医療、自己啓発や能力開発など、個々の従業員の実情を反映したニーズが高まっており、福利厚生の役割を見直す時期にきている。このように、従来型の法定外福利厚生は、制度の疲労もみられている。そのため、現代の実情に合った法定外福利厚生を再設計する必要に迫られている。

2-2 福利厚生の仕組み――法定福利と法定外福利

前述したように、わが国の福利厚生制度には、法律で定められた「法定福利」と、法律で定められていない企業の任意による「法定外福利」がある。

福利厚生費とは、法定福利費と法定外福利費の合計である。法定福利費とは、社会保険料の事業主負担など、法律によって定められた福利厚生費である。他方で、法定外福利費として、交通費や社宅、健康診断など、各企業独自に定められた福利厚生費がある。

(1) 法定福利の概要

法定福利費は、社会保険料や労働保険料などに分類される。社会保険料には、健康保険（介護保険含む）、厚生年金、子ども・子育て拠出金があり、労働保険料には、労災保険や雇用保険がある。

健康保険とは、傷病の治療のため、病院において受診、入院や手術などを行った

際に、医療費の一部または全額を保障してくれる制度である。また、介護保険とは、65歳以上の者が要介護状態になった際に、介護支援サービスを受けられる保障制度である。保険料は、40歳以上65歳未満の者は医療保険に乗じて負担し、65歳以上は年金から差し引いて負担する。

　民間企業の従業員が加入する年金保険には、基礎年金である国民年金（1階部分）と、国民年金に上乗せ支給される厚生年金（2階部分）がある。厚生年金からは、65歳に達した際に老齢年金、障害者になった際に障害年金、死亡した際に遺族年金が給付される。

　労災保険とは、業務上や通勤途中の災害で負傷、疾病、死亡した場合に補償される保険給付制度である。雇用保険は、雇用や生活の安定を目的に、失業した際や教育訓練を受けた際の給付などを行う。なお、労災保険と雇用保険の両者を合わせて、労働保険と呼ばれている。

　子ども・子育て拠出金については、中学校終了までの児童を養育している人を対象とした児童手当の給付に加え、放課後児童クラブや延長保育などの地域の子ども・子育て支援、企業主導型保育などの仕事・子育て両立支援に拠出金が充てられている。

　各保険の労使負担の割合は、健康保険（介護保険含む）、厚生年金については、半額を企業が負担、子ども・子育て拠出金、労災保険については、全額を企業が負担し、雇用保険については、一定割合を企業が負担することが定められている。

(2) 法定福利の歴史

　わが国の健康保険は、1922年に工場や鉱山労働者などを対象とした「健康保険法」が制定され、1938年に健康保険法の対象外であった農民の救済を目的にした「国民健康保険法」が施行され、戦後の国民皆保険制度の基礎となった。第二次大戦後の1958年に「国民健康保険法」の名のまま全部改正（1959年施行）され、国民皆保険が実現した。また、2000年「介護保険法」が施行され、介護保険が制度化された。

　年金保険については、1941年、「労働者年金保険法」が制定され、工場などの男性労働者を対象に労働者年金保険制度が創設された。1944年には「厚生年金保険法」が制定され、被保険の対象がホワイトカラー労働者、女性にも拡大した。厚生年金保険法は、1954年に改正され、これまで報酬比例部分のみであった養老年金

が、現在のように定額部分と報酬比例部分の2階建ての老齢年金となり、段階的に保険料率を引き上げる段階保険料方式が採用された。1959年に、全国民に対する老後の所得保障を求める声を受けて、「国民年金法」が制定（1960年施行）され、すべての国民が公的年金の対象となる国民皆年金が制度化された。

労災保険では、1947年に「労働者災害補償保険法」が制定され、労働災害に対する補償が制度化された。他方で、雇用保険では、1947年、失業した際の生活の安定を目的に「失業保険法」が制定され、その後、1974年に「雇用保険法」となり、雇用保険制度が創設された。

(3) 法定外福利

法定外福利には、通勤・住宅関連、健康・医療関連、育児・介護支援関連、体育・レクリエーション関連、慶弔・災害関連、財産形成関連、職場環境関連、業務関連、自己啓発関連、休暇関連などがある。そのほかに、共済会、福利厚生代行サービスなどもある。

日本経済団体連合会の調査によると、2016年度に企業が負担した福利厚生費（法定福利費と法定外福利費の合計）は、従業員一人1ヵ月平均で、2年連続11万円を超えた。法定福利費は、7年連続し過去最高額となっている（図表8-2）。健康保険、介護保険、厚生年金では増加し、料率改定のあった雇用保険、労災保険と子ども・子育て拠出金では、雇用保険、労災保険は減少となったが、子ども・子育て拠出金は大幅に増加した。

一方で、法定外福利費は、企業の経費削減により、近年は総じて抑制傾向にある。そうした中、医療・保健衛生施設の運営費は大幅に増加している。同様に、文化・体育・レクリエーションの施設運営費が微増となり、減少傾向が継続していた施設運営費用の下げ止まりがみられている。抑制傾向の中においても、企業は健康経営を重視しているものとみられる。

なお、法定外福利については、メニューが充実している企業と、ほぼない企業とに大別される。賃金以外の福利厚生を手厚くすることで働きやすいと感じるか、福利厚生よりも金銭的な報酬である賃金で支払うことを望むか、各働き手の選択にある。また、選択の自由度に関しても、従業員個人による選択の自由度が高い企業と、企業主導のシステムで選択の自由度が低い企業に分けられる。

第8章 モチベーション管理と賃金管理

図表8-2 法定福利費と法定外福利費の推移

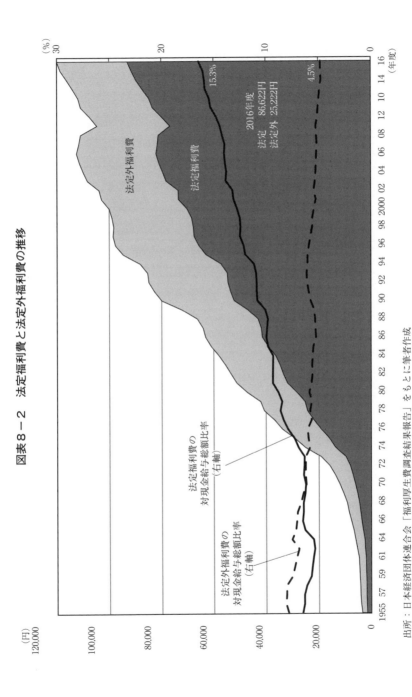

出所:日本経済団体連合会「福利厚生費調査結果報告」をもとに筆者作成

第Ⅱ部 21世紀の人的資源管理——課題への具体的対応

図表8－3 法定福利費の推移

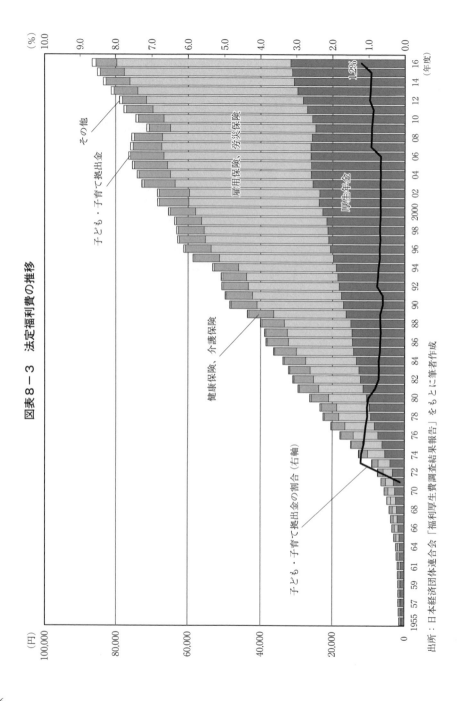

出所：日本経済団体連合会「福利厚生費調査結果報告」をもとに筆者作成

第8章 モチベーション管理と賃金管理

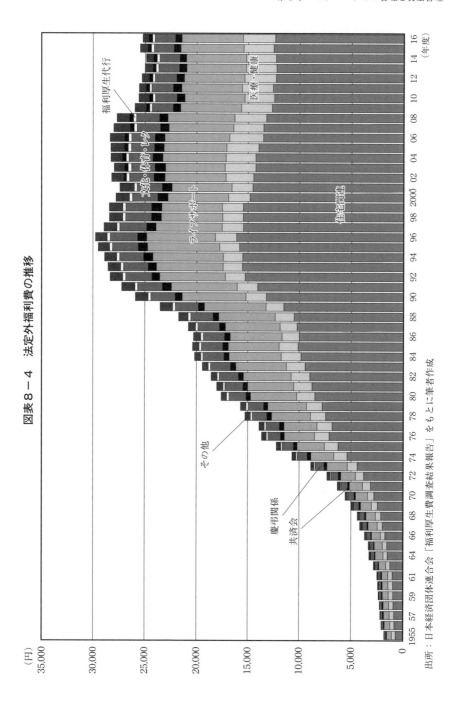

図表8-4 法定外福利費の推移

出所:日本経済団体連合会「福利厚生費調査結果報告」をもとに筆者作成

①カフェテリアプラン

　法定外福利の中で新たなシステムとして注目されるのが、カフェテリアプランである。カフェテリアプランとは、企業が設定した福利厚生のメニューの中から、各従業員のニーズに応じて選択させる福利厚生制度である。企業は各従業員に対して「福利厚生ポイント」を付与し、各従業員が所有するポイントに応じて福利厚生を受けるシステムである。選択型福利厚生制度とも呼ばれる。

　1980年代のアメリカで導入され、わが国では1995年以降、導入する企業が現れ、現在では多くの企業で導入されている。

　日本経済団体連合会の調査によると、導入企業の法定外福利費の平均（2016年度）は、従業員一人1ヵ月あたり33,774円であり、カフェテリアメニューの費用は、4,344円であった。カフェテリアメニューの費用の内訳は、「ライフサポート」2,577円（構成比59.3％）、「文化・体育・レクリエーション」1,163円（同26.3％）で全体の8割以上を占めている。ライフサポートの内訳では、「財産形成」が746円で一番多く、「保険」501円、「食事手当・給食補助」441円と続いている。他方で、文化・体育・レクリエーションの内訳では、「活動への補助」が1,076円と多くを占めている。

　従来型の従業員一律の法定外福利厚生では、勤務地などによって利用できるメニューと利用できないメニューがあるなど、選択肢が限定される。そのため、受益者間に不公平感があるとともに、各従業員の多様化するニーズへの対応が難しい。

　また、大企業と中小零細企業では、提供するサービスにおいて格差がみられた。前述したように、近年、福利厚生を専門に提供する福利厚生代行サービス業が増加している。とりわけ、福利厚生の占めるコスト負担が大きく、自社で福利厚生制度を充実させることが難しい中小零細企業においては、福利厚生を拡充できるメリットがある。企業規模の大小にかかわらず、福利厚生のアウトソーシングにより、定額の委託費用を払えば、多種多様な福利厚生サービスを、与えられたポイントの範囲内で利用することができるようになった。今後も、福利厚生代行サービス業の利用増加により、カフェテリアプランの大きな広がりが見込まれる。

②退職金制度

　わが国の雇用慣行の変化とともに、法定外福利における退職金制度のあり方も変化しつつある。退職金とは、退職する際に雇い主から従業員に支払われる手当であり、一時金もしくは年金の形で支給される。退職後の安定した生活の確保などを目

第8章　モチベーション管理と賃金管理

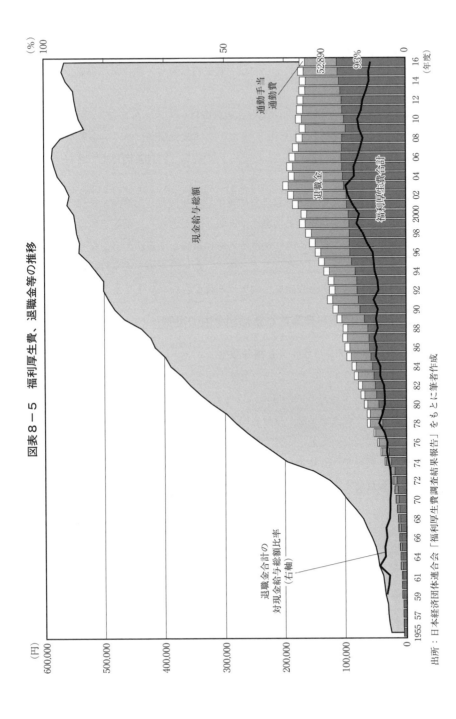

図表8-5　福利厚生費、退職金等の推移

出所：日本経済団体連合会「福利厚生費調査結果報告」をもとに筆者作成

139

的とする給与の後払いといった意味合いがある。退職金制度は多くの企業で導入され、従業員の雇用確保や永年勤続などを目的とした終身雇用を前提とする仕組みでもあった。ただし、民間企業においては、従業員に対する法律上の退職金支給義務は雇い主に課されていない。

　日本経済団体連合会の調査によると、退職金は一人1ヵ月あたり52,890円（2016年度）であり、2003年度（92,037円）をピークに減少傾向にある。退職金の対現金給与総額比率も、2003年度の16.3％をピークに9.3％（2016年度）まで落ち込んでいる（図表8-5）。

　近年では、転職など中途入社による勤続年数の短期化、退職金給付引当金計上による負担増加や終身雇用を止める動きがあることなどから、前払退職金制度の導入など、退職金制度を見直したり、制度そのものを廃止する企業も少なくない。制度を継続する場合でも見直しを行うことが多く、給付水準の引き下げや算出方法の変更など、以前よりも充実した退職金制度は期待できない状況にある。

2-3　仕事と生活を充実させる福利厚生の役割

(1) ワーク・ライフ・バランスと福利厚生

　近年、ワーク・ライフ・バランス（仕事と生活の調和）に配慮した働き方が求められるようになっている。内閣府は、ワーク・ライフ・バランスを、「国民一人ひとりがやりがいや充実感を感じながら働き、仕事上の責任を果たすとともに、家庭や地域生活などにおいても、子育て期、中高年期といった人生の各段階に応じて生き方が選択・実現できる社会」と定義している。具体的には、①就労による経済的自立が可能な社会、②健康で豊かな生活のための時間が確保できる社会、③多様な働き方・生き方が選択できる社会、とされている。

　ワーク・ライフ・バランスが要請される背景には、わが国における労働時間の多さや有休取得率の低さなど、生活よりも仕事が優先される状況にあることがあげられる。バブル崩壊以降、賃金が伸び悩み、成果を出しにくい状況の中で、仕事中心の状況は改善せず、生活の時間が確保しにくくなっている。また、夫婦共働き世帯の増加、親の介護が必要な中高年の増加などの生活を取り巻く環境や、家族と過ごす時間の重視、多様な働き方の模索など価値観の変化もある。加えて、正規雇用を希望していても、非正規雇用で働くことを余儀なくされている人材が増加していることもあげられる。

他方で、わが国の生産性はOECD諸国よりも低く、賃金も伸び悩んでいる。そのため、従来の働き方では、限界が見え始めている。従業員が仕事に追われ、心身の疲労を蓄積していては、企業活性化の機会を喪失してしまう。

そうしたことから、福利厚生にも、ワーク・ライフ・バランスの視点を加えた制度設計が必要である。企業は福利厚生にワーク・ライフ・バランスの視点を加えることで、女性の戦力化をはじめ、時間外労働時間の減少による生産性の向上が期待される。さらに、優秀な人材の獲得や定着、モチベーションやメンタルヘルスの向上、企業イメージのアップなど、多くのメリットが享受できる。

(2) 育児・介護休業

福利厚生で重要なテーマは、育児・介護に関する施策である。わが国では、1975年に「義務教育諸学校の女子職員等の育児休業に関する法律」が制定され、翌1976年に施行された。この法律では、育児休業の対象者は教員や看護婦、保母などの女性公務員に限定されていた。それでも、出産・育児を機に離職し、専業主婦になる女性が多かった時代に、離職せずに休業後復帰して働き続けることができる点で、女性の社会進出を後押しする法律であった。

その後、少子高齢化や女性の社会進出にともない、社会問題として深刻化したことから、1991年、「育児休業等に関する法律（育児休業法）」が成立し、翌1992年に施行された。男性を含めたすべての職種に育児休業を拡大し、職場復帰の際に解雇など不利益を生じさせないことが制度化された。1995年には、「育児休業等育児又は家族介護を行う労働者の福祉に関する法律」により、努力目標であるものの、介護休業についての規定が付け加えられた。育児休業等に関する法律は、1999年に「育児休業、介護休業等育児又は家族介護を行う労働者の福祉に関する法律（育児・介護休業法）」と改称され、介護休業制度が盛り込まれ、介護休業が義務化された。

2017年1月には、改正育児・介護休業法が施行され、介護しながら働く労働者や有期契約労働者が介護休業・育児休業を取得しやすいように制度が改正された。改正のポイントは、以下の通りである。

①介護休業の分割取得

介護休業は、介護を必要とする家族（対象家族）一人につき、通算93日まで、原則1回に限り取得可能であったが、改正後は、3回を上限として、介護休業の分割取得が可能となった。

②介護休暇の取得単位の柔軟化

介護休暇について、1日単位での取得から、改正後は、半日(所定労働時間の2分の1)単位での取得を可能とした。

③介護のための所定労働時間の短縮措置等

介護のための所定労働時間の短縮措置(選択的措置義務)について、介護休業と通算して93日の範囲内で利用可能であったが、改正後は、介護休業とは別に、利用開始から3年の間で2回以上の利用が可能となった。

④介護のための所定外労働の制限

残業の免除を受けられる制度が新設され、介護のための所定外労働の制限(残業の免除)について、対象家族一人につき、介護終了まで利用できる所定外労働の制限制度が新たに設けられた。

⑤有期契約労働者の育児休業の取得要件の緩和

育児休業が取得できる有期契約労働者は、申出時点で過去1年以上継続して雇用されていることに加えて、子が1歳になった後も雇用継続の見込みがあること、子が2歳になるまでの間に雇用契約が更新されないことが明らかであるものを除くとされていたが、改正後は、子が1歳6ヵ月になるまでの間に雇用契約がなくなることが明らかでないことに緩和された。

⑥子の看護休暇の取得単位の柔軟化

前述した介護休暇の取得と同様、1日単位での取得から、改正後は、半日(所定労働時間の2分の1)単位での取得を可能とした。

⑦育児休業等の対象となる子の範囲の拡大

育児休業等の対象となる子の範囲が、法律上の親子関係がある実子・養子から、改正後は、特別養子縁組の監護期間中の子、養子縁組里親に委託されている子などまで拡大された。

⑧マタハラ、パタハラなどの防止措置(新設)

事業主による妊娠・出産・育児休業・介護休業等を理由とする不利益な取扱いを禁止することに加え、改正後は、上司・同僚からの、妊娠・出産、育児休業、介護休業等を理由とする嫌がらせ等(いわゆるマタハラ・パタハラなど)を防止する措置を講じることを事業主へ新たに義務づけ、派遣労働者の派遣先にも、育児休業等の取得等を理由とする不利益取扱いの禁止、妊娠・出産、育児休業、介護休業等を理由とする嫌がらせ等の防止措置を義務づけた。

育児・介護休業法は、さらに2017年3月に改正され、同年10月に施行された。改正のポイントは、以下の通りである。

①育児休業期間の延長

育児休業期間は、原則として子が1歳に達するまで、保育所に入れない等の場合に、例外的に子が1歳6ヵ月に達するまで延長できる制度であった。だが、保育所への入所が年度初めであると、保育所に預けられず、かつ育児休業も取得できない期間が発生する課題があった。改正後は、1歳6ヵ月に達した時点で、保育所に入れない等の場合、再度申請することにより、育児休業期間を最長2年まで延長することが可能となった。さらに、これに合わせ、育児休業給付の支給期間を延長した。

このように、最長2年間育児休業が取得可能となったが、キャリア形成の観点からは、長期間の休暇は労働者本人にとって望ましくないケースもある。労使間で職場復帰のタイミングを話し合うことも想定されるが、事業主が労働者の事情やキャリアを考慮し、育児休業等から早期の職場復帰を促す場合には、育児休業等に関するハラスメントに該当しないとしている（厚生労働省「育児介護休業指針」）。ただし、職場復帰のタイミングは労働者の選択に委ねられることに留意が必要としている。

②育児休業制度の個別周知

それまで、育児休業を取得しなかった理由として、職場に育児休業を取得しにくい雰囲気があることが多くあげられていた。そのため、事業主は、取得しにくい雰囲気があることを理由に、対象者が育児休業の取得を断念しないように、対象者に育児休業取得を周知・勧奨するための規定を整備する必要があった。

そうしたことを背景に、法改正により、事業主は、労働者またはその配偶者が妊娠・出産した場合や家族を介護していることを知った場合に、当該労働者に対して、個別に育児休業・介護休業等に関する定めを周知するように努めることが規定された。ただし、プライバシー保護の観点から、労働者が自発的に知らせることを前提としており、また、パパ・ママ育休プラス等の制度について周知することが望ましいとしている。

③育児目的休暇の新設

親に対し育児休業以外に全日の休暇を認める制度として、子の看護休暇があるが、負傷・疾病にかかった子の世話をする等の事情がない場合には、休暇制度を利用することができない。一方、配偶者の妊娠・出産に際して男性が取得した休暇・休業制度をみると、育児休業制度以外の休暇が多く利用されており、育児を目的と

した休暇には高いニーズがある。そのことから、特に男性の育児参加を促進するため、就学前までの子どもを有する労働者が育児にも使える休暇を新設した。

事業主に対して、小学校就学の始期に達するまでの子を養育する労働者が、育児に関する目的で利用できる休暇制度（配偶者出産休暇、入園式の行事参加を含めた育児にも使える多目的休暇等）を設けるよう努めることを義務づけた。

2-4　福利厚生の今後

(1) モチベーション向上策としての福利厚生

従業員のモチベーションを向上させるうえで、福利厚生は重要な役割を担っている。モチベーションとは「動機づけ」のことであり、企業においては、従業員の仕事への意欲を引き出し、高めることを意味する。そのことで、従業員満足度を向上させ、顧客満足度の向上を図る。さらに、顧客満足度の向上を通じて、社会貢献度の向上につなげることが、モチベーションが果たす大きな役割になる。

動機づけには、「外発的動機づけ」と「内発的動機づけ」がある。外発的動機づけは、評価・報酬や賞罰など人為的な刺激、すなわち、誘因によって動機づけるものである。一方、内発的動機づけは、好奇心や興味・関心など自らの意欲、すなわち、動因によって動機づけるものである。個々の従業員が、誘因・動因を同時に高められるような福利厚生の構築が求められる。

モチベーションを企業と従業員との間接的な関係ととらえるならば、企業と従業員との直接的な関係を示すものとして、エンゲージメントがある。エンゲージメントとは、企業の成長に対して従業員がもつ貢献意欲の度合いであり、企業の方向性に対する理解、帰属意識、行動意欲の3点で構成される。特に、帰属意識、行動意欲の点で、福利厚生の充実は重要とされている。

従業員のエンゲージメントを高く維持することは、企業業績（営業利益）を高める。さらに、営業利益率の高い企業には、エンゲージメントに加えて生産的な職場環境と健全な就労形態の二つの要素がある（タワーズワトソンホームページ）。

(2) 戦略的福利厚生

従業員のモチベーションを向上させるため、積極的な福利厚生の活用を図る「戦略的福利厚生」という考え方がある（西久保浩二ほか『戦略的福利厚生―経営的効果とその戦略性の検証』）。

戦略的福利厚生とは、成果主義の重視や非正規社員の増加など職場環境の変化、近年の法定外福利厚生の効果に対する疑問、制度の見直しによる金銭的な賃金への代替などの状況に対して、コストをかけずに効果を生み出そうとするものである。

そのために、現状の各企業横並びの同質化した福利厚生メニューから、各企業独自の福利厚生メニューの充実・拡大による差別化を図り、優秀な人材の獲得とつなぎ止め、従業員満足度や生産性の向上などを目指す。このように、非金銭的な福利厚生を見直すことで、従業員と企業の活性化に努めていくのが、戦略的福利厚生の考え方である。

3 | モチベーション・能力発揮要因――賃金管理

3-1　はじめに

企業の経営活動において、従業員はきわめて重要な経営資源である。近年、経営環境は激しく変化している。競争優位を獲得するために、優秀かつ戦略に適合した人的資源の獲得が必要である。日本企業であっても、グローバルに事業展開する場合、外国人労働者の獲得が必要となる。そのためには、長期雇用を前提とした賃金制度では、採用活動がうまくいかない可能性がある。一方で、女性従業員や非正規従業員の増加といった人的資源の多様化にともない、ダイバーシティ、ワーク・ライフ・バランスや働き方改革に対応する必要が出てきている。このような状況のもと、近年の日本企業の賃金制度は変容しつつある。

また、優秀な従業員の獲得や従業員のモチベーションの向上のため、賃金管理はきわめて重要な役割を担っている。賃金制度は企業の人的資源管理における基本思想を示すものであり、従業員に対し、企業としての理念、態度、意向を伝えるものである。ここからは、賃金制度の仕組みや今後の動向について説明していく。

3-2　賃金の多面性

賃金にはいくつかの側面があり、企業はそれらの側面に配慮して賃金制度の設計を行う必要がある。

第一に、企業からみると、賃金にはコストという側面がある。コストである以上、際限なく従業員に支給することは困難である。また、企業の利益確保のため、コストとしての賃金を低減しようという圧力が作用することがある。

第二に、賃金は従業員のモチベーションを引き出す源泉という側面がある。すなわち、賃金の多寡により従業員の職務に対するモチベーションは影響を受ける。また、賃金は従業員を評価する指標としても作用し、従業員の働き方に影響を与える。そのため、企業は賃金制度の設計にあたり、公平性・公正性だけでなく、戦略との適合性を担保する必要がある。企業戦略と賃金制度が適合していないと、従業員の職務遂行が戦略と結びつかないおそれがある。

　第三に、賃金は本来的には労働の対価であるが、働き手である従業員からみると、賃金には生活の原資という側面がある。そのため、生活状況に応じた賃金支給額の検討を完全に無視することはできない。

3－3　賃金額の決定

　賃金額の決定には、賃金総額の決定と個別賃金の決定という二つの局面がある。

(1) 賃金総額の決定

　賃金総額の決定とは、企業として従業員の賃金をいくらまで支給できるかについて検討することである。この際に基準として用いられるのが、労働分配率である。労働分配率とは、企業活動で産出した付加価値のうち、従業員に配分する比率を示すものである。賃金総額は、以下の算定式により確定する。

　賃金総額＝付加価値×労働分配率

　かつての賃金総額は、賃金水準の相場や労働組合との交渉で決定されるケースが多かった。しかしながら、近年は企業業績である付加価値をもとに決定するようになりつつある。また、これまでのような年功的に上昇する賃金ではなく、賃金総額が増えないような管理が常態化しつつある。

　これまで賃金総額を毎年大きくした要因は、定期昇給とベース・アップである。定期昇給は、企業の賃金制度で確定している昇給のことである。一方、ベース・アップとは、春闘による賃金制度の改定による昇給である。近年、定期昇給やベース・アップを実施しない場合もある。これは、賃金総額そのものを増加させないためである。

(2) 個別賃金の決定

　個別賃金の決定とは、賃金総額の中で、個々の従業員にどのように配分するか検

討することである。個々の従業員ごとに、基本給と賞与をどのようなバランスで支給するかが検討される。個別賃金決定にあたり基準となるのは、個人属性（年齢など）・職務遂行能力・職務価値（仕事の価値）・業績・情意（態度）などである。個人属性や職務遂行能力は人基準による配分方法、職務価値や業績は仕事基準による配分方法である。

　通常、従業員に支給される賃金の原資は、所属する部門に割り当てられる。そもそも、各部門の賃金の原資は、企業全体の賃金原資総額から割り当てられる。すると、個別賃金の配分にあたり絶対評価を実施したとしても、部門レベルで調整されてしまう。すなわち、業績の高い従業員が多くいる部門では、業績の高い従業員が少ない部門より、低い賃金になる従業員が出てしまう。そうすると、高い業績をあげた従業員は、不公平さを感じることになるだろう。そのため、原則的には総額を決めてから個別賃金が算定されなければならないが、高い業績をあげた従業員がモチベーションを失わないよう、賃金総額に柔軟性をもたせて決定する必要もある。

3-4　賃金管理の意義

(1) 従業員の採用としての側面

　競争優位を獲得するために、企業は戦略に適合した優秀な従業員を採用する必要がある。そして、企業がそのような従業員を採用するためには、魅力的な賃金制度を設定すべきである。

　賃金には、個人の業績に応じて配分する、職務の価値に応じて配分する、勤続年数に応じて配分する、といった配分の仕方がある。しかしながら、個人の業績に応じて賃金が配分されることを期待する人にとって、勤続年数による賃金の配分方法はあまり好ましくないだろう。どのような配分方法を期待するかは、人によって異なる。そのため、企業としては採用したい人材が期待している賃金制度を構築すべきである。今後、特殊技能をもつ人を獲得しようとするなら、どのような賃金制度を構築すればいいのかなど、企業にとって重要な課題となる。

(2) 従業員のコミットメントやモチベーションとしての側面

　組織内の従業員にとって、賃金が魅力的でなければ、不満を感じコミットメントが低下するおそれがある。賃金への不満により、優秀な従業員の流出が生じる可能性もある。また、賃金に魅力があったとしても、賃金の配分方法に公平性が欠けて

いると、従業員の不満は解消されない。逆に、魅力的な賃金を公平性の高い制度で提供できれば、従業員のコミットメントやモチベーションを向上させることができる。従業員の能力を企業の戦略遂行に結びつけて発揮させるためにも、適切な賃金制度の設計は重要である。

(3) コストとしての側面

企業からみると、賃金はコストである。企業が利益を確保するために、従業員に対して効率的に賃金を提供する必要がある。これは、従業員のモチベーション向上につながる賃金とつながらない賃金を見極めなければならないということである。また、賃金によっては、短期的にはモチベーションにつながらなくても、長期的につながる場合があり、長期的な視点からも賃金制度の検討を行わなければならない。

3－5　賃金体系

多くの日本企業は、職能資格制度に基づく月給制を採用している。一般的な日本企業における賃金体系は、図表8－6のように示される。

まず、賃金は所定内賃金と所定外賃金に区分される。所定内賃金には、すべての従業員に支給される基本給と従業員の個別事情を考慮して支給される固定的諸手当が存在する。基本給は、従業員の年齢や職能資格、職務、業績などの要素に応じて支給される。どの要素に重点をおいて基本給を算定するかは、企業によって異なる。なお、基本給は支給額の60％を占めると指摘されている。以下では、基本給の決まり方についてみていく。

図表8－6　日本企業の賃金体系

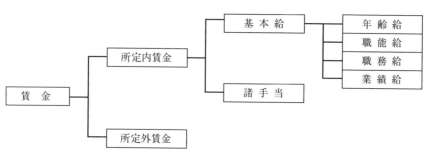

出所：筆者作成

3-6 基本給の決まり方

ここでは、基本給がどのような要素で構成されているか、およびその算定方法について確認していく。年齢給と職能給は、人を基準にして基本給を算定する方法である。それに対して、職務給と業績給は、仕事を基準にして基本給を算定する方法である。

図表8-7 基本給の算定方法

基準		内　容
人	年齢給	年齢や勤続年数によって賃金が決定
	職能給	従業員が保有している職務遂行能力によって賃金が決定
仕事	職務給	職務の重要性や難易度によって賃金が決定
	業績給	職務遂行の度合いによって賃金が決定

出所：筆者作成

(1) 年齢給

年齢給とは、年齢や勤続年数によって賃金が決定されることをいう。

年齢給のメリットとして、従業員が生活水準に合った賃金を得られることがあげられる。一般に、年齢が上昇するに従って必要な生活費（子どもの教育費など）は上昇するが、年齢とともに賃金が上昇するのであれば安心して働くことができる。また、従業員間で賃金に差がつきにくいため、柔軟な人事異動が可能となる。

デメリットとしては、以下の2点があげられる。第一に、年齢給は勤続年数が長い従業員ほど、企業に大きな成果をもたらすことが前提とされる。しかしながら、勤続年数の長い従業員が生み出す企業成果が、必ずしも大きいとは限らない。そのため、公平性が担保されず、従業員の納得が得られないことがありうる。第二に、年齢給の場合、企業業績にかかわらず賃金が上昇してしまい、企業経営を圧迫することがある。

(2) 職能給

職能給とは、従業員が保有している職務遂行能力によって賃金が決定されることをいう。職務遂行能力は職能とも呼ばれ、仕事ができる能力を意味する。

メリットとして、以下の2点があげられる。まず、職務遂行能力が評価されるた

め、従業員は幅広い職務遂行能力を身につけようとする。次に、その結果、従業員の職務遂行能力が向上するため、企業にとっては柔軟な人事異動が可能となる。

デメリットとして、以下の2点があげられる。一般に年齢や勤続年数と職務遂行能力は比例するため、職能給は年功的な運用になる傾向がある。そのため、企業からみると、賃金コストの上昇につながりやすい。また、職能給では職務遂行能力を保有していることが評価されるため、従業員の担当している職務や業務の価値は考慮されずに賃金が決定される。すなわち、実際に行った職務や業務に見合った賃金にならず、公正性が担保されないことがある。

(3) 職務給

職務給とは、職務の重要性や難易度によって賃金が決定されることをいう。職務給を設計する場合、職務分析と職務評価を実施しなければならない。

職務給のメリットとして、従業員の現在の職務と賃金とを連動させることができる点がある。すなわち、職務給を採用することにより、従業員の担当している業務（従業員が業務遂行により生み出す価値）と賃金とのバランスをとることができ、公正性が担保される。また、職務ごとに賃金設定が可能であるため、外部から優秀な人材が採用しやすくなる。

一方、デメリットとして、職務価値が賃金に影響を及ぼすため、柔軟な人事異動が困難になるという点が指摘できる。

(4) 業績給

業績給とは、職務遂行の度合い（業績の大きさ）によって賃金が決定されることをいう。

業績給のメリットとしては、以下の2点があげられる。まず、従業員の業績と賃金が連動するため、従業員は業績向上に向け職務に取り組むようになる。次に、業績に見合った賃金を支給するので、賃金総額が上昇するようなことにはならない。

デメリットとして、短期的な業績で基本給が決まってくるので、従業員が短期的な業績を追求するおそれがある。また、目標管理制度とともに導入されると、目標達成度合いにより業績評価がなされるため、容易に達成可能な目標を選択してしまうことがある。

(5) 役割給

役割給とは、従業員に与えられる役割によって賃金が決定されることである。近年、実務的には役割給の活用が進んでいる。

役割給のメリットとして、職務給の欠点を解消し、柔軟に役割の設定が可能となる点があげられる。一方、デメリットとして、役割設定を柔軟に行うため、人事考課が煩雑になる点があげられる。役割給は、担当職務の困難さだけでなく、その職務を担当している従業員の能力や行動といった多面的な要素をもとに決定されるため、制度が煩雑である。また、環境の変化により、人や仕事に要求される役割が変わってくる点も、運用を難しくする。

(6) 基本給の構成

基本給が、(1)〜(5)のうち一つだけで構成されている場合を単一型、複数で構成されている場合を並存型という。日本企業の賃金制度は、年功制の側面が強いと指摘されるが、決して基本給を年齢給のみで決定している単一型ではなく並存型である。企業にはさまざまな従業員が在籍し、さまざまな職務に従事している。そのため、いくつかの要素を組み合わせて、欠点を補っていくよう基本給を設計しなければならない。

3-7 賃金制度における注意点

賃金制度を設計するにあたり、外部競争性と内部公平性に注意しなければならない。ここで、外部競争性とは、他社の賃金制度との比較である。外部競争性を失うと、優秀な従業員の確保が困難になる。企業は違っても、携わる仕事が同じであれば、賃金も同じであるべきなのである。

内部公平性とは、賃金が一定のルールに基づいて決定され、組織内で公平性が維持されているということである。賃金の体系や決定方式には、公正さや公平さが求められているのである。

近年、従業員の採用にあたっては、中途採用が活用されるようになっているものの、新卒一括採用がまだまだ主要な手法である。そのため、採用において賃金で差別化を図ることは行われていない。しかしながら、今後は優秀な従業員を採用するために、賃金による差別化も必要となるだろう。

3-8　賃金管理の動向

(1) 人基準から仕事基準へ

　職能給を中心に展開してきた日本企業の賃金制度は、年功主義的な運営となってしまった。その結果、バブル崩壊後の低成長経済のもと、企業のコスト増を招き、従来の経営手法の維持は困難となった。

　そこで、賃金制度の改革に取り組まれることになる。大きなトレンドとして、基本給に人基準より仕事基準を強く反映させるような制度改革が行われた。すなわち、職能給・年齢給の縮小と職務給・業績給の導入である。それ以外にも、昇給の廃止、年齢給の廃止といった改革が実施されている（図表8-8）。

　1990年代以降、日本企業の賃金制度として、仕事の成果に基づく業績給の導入が進展しつつあった。これは、バブル崩壊後の経済状況の停滞の中で、企業業績を短期的に向上させるために取られた方策といえる。しかしながら、このような取組みは、必ずしも企業業績の向上に結びつかなかった。そこで、多くの企業で、従業員の個人業績だけでなくチームとして集団で評価したり、業績だけでなくプロセスを評価するなどして、業績に基づく賃金制度の修正を行った。

　また、日本企業は職能給と役割給を併用していることが、第3章の図表3-2からみてとれる。このように職能給と役割給を併用する目的は、短期的に業績を追求しつつ、長期的には従業員の能力向上を図ろうとするところにある。すなわち、本来トレードオフの関係にある短期目標と長期目標を合致させようとの試みである。

　職能給と役割給の比率は、管理職と非管理職とで使い分けられている。一般に、管理職は高度な職務や役割を担うことが多いので、職務遂行のインセンティブを高

図表8-8　賃金制度改革の取組み

賃金項目		制度改革の種類
基本給	職能給	習熟昇給の縮小・廃止、職能給の廃止、昇格昇給の拡大
	年齢給	年齢給の縮小・廃止、年齢給の対象者の縮小
	職務給	職務給・職責給・役割給の導入
	業績給	業績給・成果給の導入

出所：笹島芳雄「日本の賃金制度：過去、現在そして未来」『経済研究』を筆者修正

める必要がある。そのため、職能給の比率が相対的に低く、役割給の比率が高く設定される。一方、若年層の多い非管理職は能力向上の余地が大きいので、能力向上のインセンティブを高める必要がある。そのため、職能給の比率が相対的に高く、役割給の比率が低く設定される。

これらの動向は、賃金制度が「人基準」から「仕事基準」にシフトしつつあることを示している。

(2) 賃金制度と経営戦略との適合性

同じ業界内の企業であっても、戦略が異なると適切な賃金管理の手法も違ってくる。賃金制度も他の施策と同じように、自社の経営戦略遂行に貢献できるものでなければならない。また、それぞれの人的資源管理システムにおける諸施策は、他の諸施策と適合するかどうかを考慮しなければならない。業績給という賃金制度を採用するなら、人事考課における業績評価の公平性を確保する必要がある。新規事業に取り組むために専門性の高い人材を中途採用したいなら、職務給に基づく賃金制度を採用するとともに、人事考課は職務の困難さなどに基づいて行うべきである。

【参考文献】

1) Luft, J. [1963], Group Processes : An Introduction to Group Dynamics, Palo Alto, Calif : National Press.
2) メイヨー『新訳 産業文明における人間問題』村本栄一訳、日本能率協会、1967年
   Mayo, G. E. [1933], The Human Problems of an Industrial civilization, New York, The Macmillan & Co.
3) センゲ『学習する組織―システム思考で未来を創造する―』枝廣淳子・小田理一郎・中小路佳代子訳、英知出版、2011年
   Senge P. [2006], The Fifth Discipline : The Art and Practice of the Learning Organization Revised Edition, New York : Doubleday/ Currency.
4) 小田理一郎『「学習する組織」入門―自分・チーム・会社が変わる持続的成長の技術と実践―』英知出版、2017年
5) 岸田民樹・田中政光『経営学学説史』有斐閣、2009年
6) 清水龍瑩『大企業の活性化と経営者の役割―大企業経営者のインタビュー・サーベイを中心として―』千倉書房、1990年
7) 田尾雅夫編集『組織行動の社会心理学―組織の中を生きる人間のこころと行動―』

北大路書房、2001年
8）高橋伸夫『経営の再生』有斐閣、1995年
9）中村和彦『入門組織開発―活き活きと働ける職場をつくる―』光文社、2015年
10）中原淳「HRDとOD」『日本労働研究雑誌』No.657、労働政策研究・研修機構、2015年
11）野中郁次郎・竹内弘高『知識創造企業』東洋経済新報社、1996年
12）古川久敬『組織デザイン論―社会心理学的アプローチ―』誠信書房、1988年
13）古川久敬『集団とリーダーシップ』大日本図書、1988年
14）日本経済団体連合会「第61回 福利厚生費調査」2017年
15）笹島芳雄「日本の賃金制度：過去、現在そして未来」『経済研究』第145号、2012年
16）谷田部光一「日本的雇用システムと賃金制度」『政経研究』第50巻第1号、2013年
17）八代充史『人的資源管理論』中央経済社、2009年

第9章 多様な働き方時代への対応と人事評価

1 「多様化」をとらえる視点

　私たちは今、人的資源管理のあらゆる場面で大きな変化の渦の中にあるといってよい。その変化は、複数の要因が引き金となって生じたものであるが、そのうちの大きなものに、人的資源管理の対象であるヒト資源に生じた多様化がある。

　人的資源の多様化は、次の二つの側面から考えることができる。それは、人的資源の性別、年齢、国籍などの基本属性に表される多様化と、いわゆる、正規従業員、非正規従業員といわれる人々の働き方、つまり、就業形態の多様化である。

　本論に入る前に、近年、なぜ多様な働き方が注目されてきたかを確認しておかなければならない。なぜなら、多様な働き方に合わせた管理が必要であるということは、同時にこれまではそうではなかったということ、さらに、変化する事態に対応するために私たちも変わらなければならないということを示しているからである。

　「多様」の反語は「一様」、あるいは「単一」である。前述に従えば、「多様な働き方」の反対は「一様な働き方」、あるいは「単一な働き方」となる。つまり、多様な働き方が看過できない事態になる前は、多くの人々が一様な働き方をしており、また、企業もそうした一様な働き方の人材を管理の対象とし、その他は周辺的管理対象とすることで事足りてきた。

　ここでいう、企業における人的資源管理の対象の一様性は、「正規従業員の働き方」を指していたといえる。そして、この正規従業員の働き方は、多くの場合、固定的労働時間管理の下、必要に応じて所定外労働時間においても労働し、命じられれば転居をともなう異動にも応じ、また、一方で原則として副業を認められず、本業にのみ専念する働き方である。正規従業員は、その家庭において主たる生計維持者とみなされ、時として自身の私的生活時間をも業務に充てて組織に高度にコミットする代わりに、企業側もいったん雇用契約を結んだからには、容易にそれを解除しないという暗黙の了解が、両者の間にあった。

　日本企業の雇用慣行の一つである長期間の安定した雇用（いわゆる「終身雇用」）

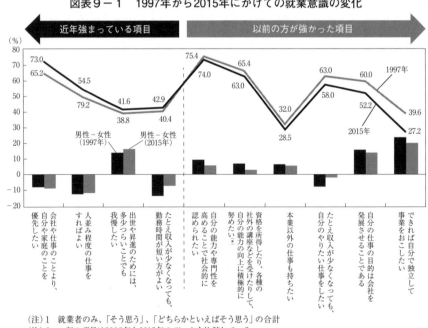

図表9−1　1997年から2015年にかけての就業意識の変化

(注)1　就業者のみ、「そう思う」、「どちらかといえばそう思う」の合計
(注)2　＊印の項目は2000年と2015年のデータを比較している

出所：野村総合研究所「NRI生活者1万人アンケート調査」

は、こうした企業と正規従業員との心理的契約のうえに保たれていた。一方で、非正規従業員は主に家計補助を目的として働く労働者として考えられており、その数も1984年では、雇用者（雇用されて働く労働者）全体の15.3％であった。

しかし、例えば、働き方に大きな影響を与える就業意識に関して1997年と2015年を比較すると、「会社や仕事のことより、自分や家庭のことを優先したい」と考える就業者が65.2％から73.0％に大きく増加している反面、「自分の仕事の目的は会社を発展させることである」が60.0％から52.2％に減少している（図表9−1）。これらは、正規従業員の男性、女性を中心としてみられる変化であり、こうした意識変化は、自ずとかつての男性を中心とした企業戦士的な働き方、企業に仕事人生を捧げる働き方にも変化を生じさせることは想像に難くない。

他方、就業形態の多様化に目を向けると、非正規従業員は徐々に増加し、2003年には1984年の約2倍の30.4％に達し、2018年4〜6月四半期平均で37.6％に達している（総務省統計局「労働力調査」）。いまや雇用されて働く労働者の4割近い人た

ちが、非正規従業員である。これらの変化は、これまでの一様な働き方を想定した従業員を主たる管理対象とした方法では、さまざまな施策や制度に不適合が生まれてくるのは当然であることを示唆している。多様な働き方への対応の必要性が生じた大きな要因の一つは、働く人々のこのような就労意識の変化と非正規従業員の増加による就業形態（人的資源管理の視点からいえば、雇用形態）の多様化にある。

　以上の変化を前提として、本章では、労働生産性を左右する労働時間管理、長時間労働が原因の一つといわれる従業員の心身の不調に対応するための安全衛生管理、就労意欲に大きく影響する人事考課管理について、多様な働き方時代に向けて、企業がいかにして自らを適応させていくことができるのかを検討したい。そこで前提とされているのは、古い管理がその対象としている正規従業員の健康な男性のみではなく、就業形態が多様化した非正規従業員、さらに属性が多様化した従業員—例えば、高齢者、女性、障害をもつ人、外国人、病気を抱える人、育児や介護を担う人など—を想定しているのは当然である。

2 | 就業形態の多様化と生産性──労働時間管理

　生産性の考え方については、第4章-3に譲り、ここでは生産性算出要素として欠かせない労働時間についてみていくこととする。

2-1　労働時間の基本的な考え方

　周知の通り、労働時間は、働く人々の健康問題と無関係ではいられない。よって、労働時間管理は、国による労働政策の中に組み込まれてきた。労働時間は労働法によって、主に量的規制を受けている。その基本部分を確認しよう。

(1) 法定労働時間と休憩・休日
　現行の労働基準法では、使用者は、原則として1日8時間、1週間に40時間を超えて労働させてはならないとしている（法定労働時間）。また、同法には、法定休憩、法定休日の定めもある。具体的には、労働時間が6時間を超える場合は45分以上の、8時間を超える場合は1時間以上の休憩を与えなければならないこと（法定休憩）、さらに、休日については、毎週1日か、4週を通じて4日以上与えなければならないことを定めている（法定休日）。

(2) 時間外労働と休日労働

　法定労働時間を超える労働時間が、時間外労働時間にあたる。時間外労働については、時間の上限規制と割増賃金支払いの規制がかけられている。また、法定休日に労働すると、休日労働になる。

　労働者の過半数で組織する労働組合、あるいは労働者の過半数を代表する者との間で、法定労働時間を超える時間外労働、法定休日における休日労働についての協定（三六協定）を結び、行政官庁に届け出た場合には、労働者に時間外労働、休日労働を課すことが認められている。

　ただし、時間外労働については、以下のような上限規制がされている。具体的には、一般の労働者の場合、時間外労働が1週間で15時間、2週間で27時間、4週間で43時間、1ヵ月で45時間、2ヵ月で81時間、3ヵ月で120時間、1年で360時間をそれぞれ超えてはならないと規定している（対象期間が3ヵ月を超える1年単位の変形労働時間制の対象者の場合は、別途規制がある。詳しくは、厚生労働省のホームページを参照）。

　また、時間外労働を行った労働者に対しては、使用者が割増賃金を支払わなければならない。具体的には、通常賃金の25％以上の割増しが必要になる。時間外労働が深夜業（午後10時以降翌日午前5時まで）になった場合には、さらに25％以上が上乗せされるので、時間外労働の深夜業部分に対しては、50％以上の割増賃金の支払義務がある。法定休日労働については、35％以上の割増賃金支払義務が発生する。よって、法定休日労働が深夜に及んだ場合は、60％以上の割増賃金の支払いが必要である。

　わが国の長時間労働は、国際的にも指摘されて久しく、特にその時間外労働の長さが働く人々の健康のみならず、私生活と仕事の両立を阻害しているとの批判がある。ここにあげた規制は、労働時間短縮を推進するためのものであるが、他方で、労働者の働き方に多様性を認め、それによって、働く人々の健康やワーク・ライフ・バランスを保とうとする動きがある。それは、個人の良好な健康状態が私生活の充実につながり、就業を継続させて労働そのものの質を上げ、よりよい成果を生み出すと考えられるようになったからである。

　こうした動きのもとに、労働時間管理においても、いくつかの施策が工夫されている。次に、それらをみることとする。

2-2　就業形態の多様化と労働時間管理の考え方

　従来の労働時間管理は、正規従業員の区分に入れられる労働者を中心に考えられてきた。そこでは、一定の決まった時間に始業し、所定労働時間（決められた始業時間と終業時間の間から休憩時間を差し引いた労働時間）を働き、決まった時間に終業するという、固定労働時間制が大前提であった。そして、これまで多くの正規従業員たちは、所定労働時間外の労働も行ってきた。

　ところが、近年の就業形態の多様化によって、今日の職場では、さまざまな就業形態の労働者が混在する事態も少なくないことは周知の事実となっている。厚生労働省の「平成26年　就業形態の多様化に関する総合実態調査の概況」によれば、嘱託社員、出向社員、契約社員、パートタイム社員、派遣社員などに区分される非正規従業員がいるとする事業所は、全産業で80％以上にのぼる。これらの非正規従業員は、正規従業員とは異なる働き方をしている場合が大半であり、その多様性の様子は、労働時間のあり方に顕著に現れる。

　まず、多くの場合、非正規従業員については、所定外労働が想定されていない。特に、パートタイム社員、派遣社員にいたっては、むしろ所定外労働を回避するために、非正規従業員となった人も少なくない。また、非正規従業員は、専門的業務を雇用目的とする場合以外、人員の代替が利きやすい業務内容を担当することが多く、能力開発のための教育研修が準備されている正規従業員とは、仕事の技能レベルに大きな差がある場合も多い。

　他方、先の調査によれば、非正規従業員を雇用する目的としては、「人件費の節約や業務量の変化に対応するため」、「専門的業務への対応」などの比率が高く、非正規従業員の雇用割合を、現状と同じか増やしたいとする事業所が85.3％にのぼる。これらの非正規雇用の拡大という状況を「雇用のフレキシブル化」とし、それが正規従業員ホワイトカラーの労働時間を増加させたとする見方もある（渡部あさみ『時間を取り戻す　長時間労働を変える人事労務管理』）。仕事の量が変わらない、あるいは増えるという環境の中で、限られた時間、限られた業務内容で働く非正規従業員が、従来の時間外労働を可能とする正規従業員に取って代われば、残された正規従業員の時間外労働は必然的に多くなるというのである。

　さらにいえば、わが国における多くの企業では、いまだに正規従業員ホワイトカラーの職務内容自体が多様であり、仕事量を規定することが難しい。チームで働く

ことも多く、一人ひとりの仕事の線引きがしにくい。わが国企業における能力開発主義に基づく人材育成方針は、労働者の高い知識、技能、技術を培い、職種を限定されずに採用される新卒採用者をはじめとして、どのような職務でも対応可能なゼネラリスト養成が希求される傾向にあり、そうした人材が高い評価を受ける。こうした仕事環境下では、業務量が多くなり、所定労働時間内で完了できないことがほとんどなのではないだろうか。つまり、労働時間が比較的管理しやすい非正規従業員や、ブルーカラー正規従業員と同様の労働時間管理の下に、働き方や仕事の性格が異なるホワイトカラー正規従業員をもおこうとするところに、わが国のホワイトカラー正規従業員の生産性の低さが指摘される原因があるのではないだろうか。

では、管理方法をどのように変えれば、この変化に適応することが可能なのか。次に、その可能性について検討したい。

2-3　固定されない労働時間の管理——問題解決の視点を変える

これまでみてきたように、労働時間は、今や厳格な法規制の下にある。したがって、各企業は現行の法規制に則って、管理方法についての工夫をしていかなければならない。前述したように、固定的労働時間管理が適合しない職種には、固定枠をはずすことを検討すべきであろう。

現在のところ、固定されない労働時間管理とされるのは、フレックスタイム制と裁量労働制である。後者については、適用対象範囲に規制があるため、ホワイトカラー従業員全般に適用することはできない。前者のフレックスタイム制の方が、適用対象をより広範囲に設定できる。フレックスタイム制をホワイトカラー従業員を対象に導入すれば、例えば、不要な所定労働時間外の会議は減少する。始業や終業時間がバラバラになるので、付き合い残業も減少する。各人が各人の時間の使い方、働き方を尊重される職場風土が醸成される。

筆者が行っている女性の就業継続支援活動での聞き取り調査によれば、ホワイトカラー従業員のほとんどを対象としてフレックスタイム制を実施している食品会社では、従業員の働いた成果のみが評価に反映されるようになり、そのことがワーク・ライフ・バランスの実現にもつながっている。特に、有能な女性従業員の定着が進み、勤続年数も長くなっている。子育て中であっても、育休復帰後から新製品開発などの重要なポストを担うことができ、自律性とやりがいを感じた仕事ができている。時間ではなく、成果で評価することで、ワーク・ライフ・バランスが実現

できたという因果関係にカギがある。長時間労働がワーク・ライフ・バランスの実現を不可能にしていると考えると、労働時間管理の改善に焦点をあてがちだが、少し発想を変えると、別のアプローチができるのである。

一方、裁量労働制の適用には、課題も多く指摘される。みなし労働時間の設定自体に問題があるとも考えられる。所定外労働時間の概念が、裁量労働制には適用しにくいので、長時間労働が蔓延して働かせすぎになり、働く人々の健康被害や過労死を助長することなどが懸念され、働き方改革関連法の内容からも、結局は削除された。時間外労働の割増賃金がつかないのなら、可能な限り短時間でやるべき仕事をすませたい。そうなれば、労働生産性は、向上するのではないか。そして、余った時間を自分の能力開発や私生活の充実など、仕事以外のことに充てたいと思うのは、筆者だけだろうか。

裁量労働制による働かせすぎや健康被害の増大を防ぐ方法は、制度を厳格に運営することではない。日々、仕事をともにする職場の上司の部下の様子をみる観察力や、無理な業務量の抱込みを見抜くきめ細かいコミュニケーション、業務の進捗について相談しやすい職場風土づくり、部下の異変に気づいた際のすばやい環境改善への取組みなど、管理者の人間力を磨くことの方にそのカギがあるのではないだろうか。

3 健康経営への取組み──安全衛生管理

3-1　企業における健康管理の考え方

(1) 労働災害の現状

従業員の健康管理は、人的資源管理の管理対象がヒト資源であることで必然的に生じる管理課題である。なぜなら、人的資源はその能力を企業の中で発揮してはじめて、その有効性が認められるからである。健康を害し、能力が発揮できなくなれば、人的資源としての役割を果たせなくなってしまう。結果として、生産性が低下することになる。したがって、企業における従業員の健康は、生産性と直結する重要な関心事であり、企業存続のために取り組まなければならない第一の課題といってよい。

ちなみに、厚生労働省「平成28年における労働災害発生状況」によると、平成28年1月から12月までの労働災害は、死傷者数にして117,910人（うち、死亡者は、

928人）であった。産業別にみると、最も多いのは製造業で26,454人、次いで建設業15,058人、陸上貨物運送事業13,977人、小売業13,444人である。なお、死亡者だけでみた場合は、建設業が最も多く、次いで製造業、商業の順である。労働災害による死傷病者数は、長期的にみると減少傾向にある。

他方、厚生労働省では、過重な仕事が原因で発症した脳・心臓疾患や、仕事による強いストレスなどが原因で発病した精神障害を「過労死等に係る労災疾患（「脳・心臓疾患」と「精神障害」）」とし、労災補償の対象としているが、そのうち、「精神障害」の請求件数が年々増加していることが社会的に問題視されている。

こうした現状、すなわち、労働災害への企業としての対応には二つの大きな要請がある。一つ目は、法令によって企業に従業員の健康管理義務が求められていることであり、二つ目は、企業における従業員の健康管理は、企業の社会的責任を果たすことであり、それは企業自身のリスク管理にもなる。

以下で、それぞれについてみてみることとする。

(2) 法的要請

企業が従業員の健康管理責任の一端を担うという概念は、労働者の権利を守るために1947年に制定された「労働基準法」で、企業が労働者の安全を守ることが規定されたのが始まりである。骨折、火傷、結核やじん肺など、労働現場、作業環境の整備不備から生じる災害による身体的傷病に注目し、それらを改善するための措置が法的に義務づけられたことを端緒に、企業における安全健康管理の必要性が具体的になった。以降、職場における安全と衛生に関する事項は、1972年に「労働安全衛生法」（以下、「安衛法」）に引き継がれることになる。

安衛法が成立したことで、肉体的傷病に限らず、広く働く場における安全衛生管理が意識されるようになった。安衛法は、職場で働く人々の安全を確保することのみならず、働きやすい職場環境を整備することを目的として設けられた法律である。したがって、職場での傷病罹患者への対応だけではなく、それらの原因となる事故や状況を起こさない、「予防」の視点も含んでおり、その目的で、健康障害防止、快適職場づくり、産業保健にかかわる専門技術者の養成なども規定している。また、職場の規模に合わせて、従業員の健康管理を統括、管理、推進する担当者を設置することを義務づけている。

1988年に安衛法が改正され、企業には「健康の保持増進のために必要な措置（健

康教育、健康相談等）を継続的、かつ計画的に講ずること」が努力義務として課される。このころから企業では、THP（Total Health Promotion Plan）活動が始まった。THP推進にあたって、運動、栄養、心理の各分野の専門職が、職場の健康管理にかかわるようになる。この改正では、職場の安全管理としての作業環境管理、作業管理、健康管理の3管理を明確にするために、労働者の疲労やストレスへの対策として作業管理の規定も追加された。これにより、身体疾患にとどまらず、精神保健活動も含めた職場の健康管理における予防活動に対しても注意が向けられるようになったのである。

これに続く、1992年の安衛法改正では、「快適職場形成指針」が出され、企業は職場ストレス要因の軽減と対処資源対策を含めた、ストレス・マネジメントにも対応すべきことが盛り込まれた。さらに、2015年12月から、労働者のメンタルヘルス不調を未然に防止するために、医師、保健師などによる心理的負担の程度を把握する検査「ストレスチェック」をすべての従業員に受けさせることが規定され、また、従業員の申出により、医師などの面接指導を受けることにつき、労働者に不利益が生じないようにすることが求められることとなった。

安衛法では、職場内での責任体制の明確化と、労働者に対する安全衛生管理教育も義務づけられている。

①責任体制の明確化

規模に応じてその責任者（総括安全衛生管理者、安全管理者、衛生管理者、安全衛生推進者など）を事業主が選任することを義務づける。また、労使参加型の協議組織として、安全衛生委員会（原則として従業員数50人以上の事業場が対象）を設置し、定期的に開催することにより、職場における危険または健康障害を防止するための対策について、従業員が意見を述べる機会を確保する。

②労働者の教育

労働災害は、事故や災害が起きそうな職場の状態のもとに起きる場合と、事故や災害を引き起こす労働者の行動によって起きる場合とに分けられる。安衛法では、労働者に対する危害防止基準遵守の義務づけ、安全衛生教育の義務づけ、就業制限を掲げている。

危害防止基準遵守の取組みでは、労働者自身に特定の作業や機械についての危害防止基準遵守義務や、合図、制限速度に従うこと、立入禁止区域への立入りを禁止することなどが課せられ、違反した場合は刑事罰もある。これは、職場の安全性

は、労働者の協力なしには確保できないという考え方に立脚したものである。

　また、安全衛生教育の義務づけでは、労働者が扱う機械、原料などの危険性を知らせ、それらへの適切な対応を教育したうえで作業に当たらせること、特定の機械については、有資格者、免許保持者のみが扱えるとする就業制限を設けている。

　安衛法に規定される健康確保の取組みの主なものは、以下の通りである。
・労働者に対して健康診断を実施し、受診させること（義務）
・健康診断の結果、異常のある場合には事業者が医師の意見を聴き、必要な場合は職場や作業の変更、労働時間の短縮などの措置を講ずること、また作業環境についても見直しを行うこと（義務）
・健康の保持に努める必要があると認められた労働者には、保健指導を受けさせること（努力義務）

　さらに、労働者50人以上の事業所については、産業医を選任し、一定の職務遂行をさせることが義務づけられている。

　なお、労働契約法においても、2008年には条文に「労働者への安全配慮義務」が追加され、労働契約における使用者の安全配慮義務が明文化された。これは、労働者がその生命、身体の安全を確保し、安心して労働できるよう、使用者に対して安全に関する配慮を義務と認識させるものである。「生命、身体の安全」には、「心身の健康」も含まれている。ここでは、安衛法を遵守することは安全配慮上の前提として、それ以外のことについても、労働契約への記載の有無にかかわらず、使用者は労働者の安全で安心できる労働環境に配慮すべきことを広い範囲で義務づけたことになる。

(3) 社会的責任とリスク管理

　企業にとって社会的責任を果たすことは、当然のことである。その責任が果たされなかったとき、企業は社会的制裁を受け、存続を許されない事態にもなりうる。従業員の心身の健康を守らない企業は、従業員に傷病を発症させ、結果的に重い社会的制裁を受けることになる。これは、不良品や粗悪品、虚偽の商品やサービスを売り出すことによって、その企業が信用を失い、経営を続けられなくなるのと同じである。

　心身の不調を含めた労働災害は、人的資源を損傷または損失するだけではなく、労働災害認定による補償と被害者への損害賠償という経済的負担を使用者側（企

業)に課すことにもなる。そればかりか、人的資源の危機と損害については、社会の大きな注目と非難を浴びる結果となる。2015年に起きた大手広告会社の新入社員過労自殺事件も記憶に新しい。経済的負担だけではなく、企業の信用が落ちることにより、商品や製品の売上が減り、新たな人材確保が難しくなるなど、さまざまな負の影響が生じてくる。つまり、従業員の健康管理は、企業の社会的責任であると同時に、今やリスク管理の視点からも最重要課題の一つといえるのである。

以上にみるように、企業における従業員の健康管理義務は、労働災害を起こさない(予防)、万が一起きてしまった場合の対応(対処)、災害後の管理体制の見直しと実行といったサイクル的視点から、その果たし方を検討しなければならない。そのよりどころが、安衛法なのである。

3-2 健康経営への取組み

(1) 取組みの背景

前述したように、企業における従来型の安全健康管理の考え方は、安衛法を基本とし、労働災害の発生予防、発生後対処、災害後管理の見直し・実行といった、労働災害とそれを取り巻く管理対象を照射したものであった。これに対し、近年、従業員の健康と企業の経営管理をより広い視野で結びつけ、従業員の健康の増進と企業の生産性向上に同時に取り組む「健康経営」という考え方が広がっている。

この考え方は、1986年にローゼンが、著書"Healthy Companies"の中で発表したのが始まりだとされる。1994年には、わが国にはじめて「ヘルシー・カンパニー」の概念が紹介された。ローゼンは、企業の健康プログラムや人的資源プログラムは、組織改革をともなって考えられるべきであるとする。従業員個人の不健康状態を、その個人の問題に帰すのではなく、組織のあらゆる部門、機能との関連性という総合的な視点でみることによって、組織としての不健康状態をあぶり出し、そこに、組織の生産性や収益性の課題を発見し、解決に取り組んでいくことの必要性を主張している。

一方、わが国では、1998年に働く人の健康の保持増進に資する「トータル・ヘルス・プロモーション・プラン(TTHP)」が導入されたが、その後の景気後退の影響を受けて、現在では、当初のプログラム通りに実施している企業はほとんどない。しかし、1998年以降、自殺者が年間3万人を超えたことなどから、厚生労働省による企業のメンタルヘルス対策実施への要請が強くなると同時に、企業において

も、その重要性が認知されてきた。

このような背景のもと、2006年にNPO法人健康経営研究会が大阪で設立されて以来、健康経営に関する議論が活発になってきている。さらに、第二次安倍政権は、2016年6月に取りまとめた「日本再興戦略」において「健康寿命の延伸」を主要テーマに掲げ、政策的にさまざまなインセンティブや環境を用意して、企業に従業員の健康投資を促そうとしている。

(2) 健康経営の特徴

健康経営がこれまでの健康管理や産業保健とどのように異なるのか。その相違を以下の4点に求める考え方がある（図表9-2）。

第一に、安衛法などの関連法では、従業員の安全健康管理はあくまでも事業者や使用者の責任として実施されるものであるが、健康経営においては、経営トップの関心と行動に基づくものであること、第二に、これまでは、責任や義務として実施されてきたため、それにかかる負担はコストと認識されてきたが、健康経営では、それらの負担は従業員への投資であり、その成果から経営上のリターンを求めるものであること、第三に、これまでは、予想される疾病の予防を目指したリスクマネジメントが基本であったが、健康経営では、より広く生産性や個人・組織の活力向上が取組みの大きな柱になっていること、第四に、これまでの健康管理や産業保健は安衛法に基づいて実施されてきたため、事業場ごとの体制整備と実施が基本であったが、健康経営はあくまでも事業活動の一部であるため、企業全体や企業グループも含めた広がりの中で推進されるべきものであること、である。

この比較結果をまとめると、これまでの健康管理や産業保健は、企業にとって

図表9-2 健康経営と従来の取組みとの相違

	健康管理と産業保健	健康経営
①取組み姿勢	責任	関心と行動
②負担認識	コスト	投資
③効果	疾病のリスクマネジメント	生産性、個人や組織の活力向上
④実施範囲	事業場ごと	全社（含グループ）

出所：森晃爾「『健康経営』の基本と取り組みの方向性 従業員の健康は"経営資源"という認識の下、積極的な投資が業績によい影響をもたらす」『労政時報』を筆者が一部変更

図表９－３　健康経営優良法人認定基準

大項目	中項目	小項目	評価項目	認定要件（中小企業法人）	認定要件（大規模法人）
1. 経営理念（経営者の自覚）			健康宣言の社内外への発信および経営者自身の健康診断	必須	必須
2. 組織体制			健康づくり担当者の設置	必須	必須
3. 制度・施策実行	従業員の健康課題の把握と必要な対策の検討	健康課題の把握	①定期検診受診率（実質100％）	左記①～④のうち2項目以上	左記①～⑭のうち11項目以上
			②受診勧奨の取組み		
			③ストレスチェックの実施		
		対策の検討	④健康増進・過重労働防止に向けた具体的目標（計画）		
	健康経営の実践に向けた基礎的な土台づくりとワークエンゲージメント	ヘルスリテラシーの向上	⑤管理職または一般社員に対する教育機会の設定	左記⑤～⑦のうち少なくとも1項目	
		ワーク・ライフ・バランス（過重労働の防止）	⑥適切な働き方実現に向けた取組み		
		職場の活性化（メンタルヘルス不調の防止）	⑦コミュニケーションの促進に向けた取組み		
	従業員の心と身体の健康づくりに向けた具体的対策	保健指導	⑧保健指導の実施または特定保健指導実施機会の提供	左記⑧～⑭のうち3項目以上	
		健康増進・生活習慣病予防対策	⑨食生活の改善に向けた取組み		
			⑩運動機会の増進に向けた取組み		
			⑪受動喫煙対策		
		感染症予防対策	⑫従業員の感染予防に向けた取組み		
		過重労働対策	⑬長時間労働者への対応に関する取組み		
		メンタルヘルス対策	⑭不調者への対応に関する取組み		
4. 評価・改善	保険者との連携		（求めに応じて）40歳以上の従業員の検診データの提供	必須	必須
5. 法令遵守・リスクマネジメント			従業員の健康管理に関連する法令について重大な違反をしていないこと（自己申告）	必須	必須

出所：経済産業省
http://www.meti.go.jp/policy/mono_info_service/healthcare/downloadfiles/yuryohoujin_nintei kijyun.pdf

「守り」の経営活動であったのに対し、健康経営は、経営判断に裏づけられた「攻め」の経営活動であるといえる。現に、2015年からは経済産業省で、健康経営を実施している優良企業に、「健康経営銘柄」指定を行うなどの後押しをしている（「健康経営優良法人認定基準」については、図表９－３を参照）。

(3) 健康経営がもたらす多様な働き方への効果

　前述したように、健康経営への取組みは、コストではなく、投資である。非正規従業員が働く人の4割に迫るようになったのは、企業にとって、人件費の調整と削減が容易であることが理由だといわれている。本来、法律に基づく、健康診断をはじめとする職場の安全衛生管理は、就業形態に関わりなく、すべての従業員に対して行われなければならない。しかし、従業員の健康管理がコストとして考えられれば、できるだけコストを抑えたい非正規従業員に対しては、その管理の一部が行き渡らないことも十分に考えられる。一部には、正規従業員と非正規従業員の間に安全衛生管理による健康格差があるとする意見もある。

　非正規従業員が多く活躍するサービス業、製造業の現場では、今や非正規従業員の健康被害は、生産性に直結する大問題に違いない。人材に対する投資という価値観をもとに行われる健康経営では、従業員の健康管理は、企業内でそれぞれの従業員に能力を十分に発揮させるための経営行動と位置づけられ、働く人々の属性や就業形態が多様化しようとも正規従業員との格差を生じさせる余地はないはずである。それらの効果は、従業員のやる気をより一層高め、企業貢献を引き出し、生産性に寄与することである。企業には、コスト調整のために非正規従業員を非正規のまま雇用し続けたい事情と裏腹に、優秀な非正規従業員はできるだけ長く留めて、戦力になってもらいたいという意向がある。

　健康に関する施策への取組みは、いかなる就業形態の労働者にとっても関心の中心である。有能な人材のリテンション策の一つとしても、健康経営は、重要な役割を担っている。

4 | やる気・能力発揮のための仕組み——人事評価管理

4-1　人事評価の考え方と目的

　人的資源は、組織経営における最も重要な資源である。資源であるからには、その活用の成果は検証され、評価されなければならない。一方で、人的資源は、生身の人間であるがゆえに、感情をもち、そこに自我がある限り、自立的・自律的に行動したいと欲する特徴をもつ。それゆえ、自分の働きが組織からどのようにみられたか、どのように評価されたかは、その後のその人のやる気や能力発揮の仕方に大きく影響する。そうした意味で、人事評価には、他の経営資源の評価とは異なる繊

細さを要求されるといえるだろう。

いずれにせよ、人事評価は経営体にとってなくてはならないものである。制度として整備されていなくても、経営体として人の評価自体は行われている。それは、従業員の今の状態（能力、働きぶり）を評価し、その結果を人事管理に反映させるための活動である。

したがって、そこには以下の機能がある。一つは、従業員の今の状態を「知り、評価する」機能と、「人事管理に反映させる」機能である。また、具体的に評価する項目と基準には、自ずと経営体が求める人材像が反映されるので、評価の結果によって「従業員の行動を変える」機能もある。

同時に、能力開発主義の理念に照らすと、人事評価は、「資源としての現在の成績を測る」経営行動であることと並んで、評価基準の作成において、企業が「従業員に発揮してほしい能力を示す」経営行動でもある。こうした考えに基づけば、人事評価は、単なる経営資源の評価にとどまらず、協働する人々を通じて経営体のもつ理念を実現するための重要な経営行動であるといえる。

4-2 人事評価に必要な条件

前述したように、他の経営資源とは異なり、人的資源を評価する人事評価には、評価のプロセスのほぼすべてにおいて、特有のノイズが存在する。それはすなわち、人のもつ感情である。特に、人事評価において常に問題にされるのは、「納得性」である。

納得性を得るための評価の基本は、「公平性」、「客観性」、「透明性」である。納得性が得られない低い評価には人はやる気を失うし、逆に高い評価には戸惑い、圧力を感じ、その後の行動が萎縮したり、用心深くなったりする場合もある。人事評価において、企業が従業員のやる気や能力発揮を促すためにまず考えなければならない条件は、納得性が感じられることである。

この納得性を人事評価に具備させるために、どのような活動が必要になるのだろうか。人事評価の手法を取り上げて、それらについて検討したい。

4-3 人事評価の手法としての人事考課

(1) 人事評価と人事考課

人事評価は、必要とされる場面に合わせ、さまざまな手法が用いられている。例

えば、採用時の書類審査や面接審査、昇進・昇格などを決める際の筆記試験、管理職としての適性検査なども、評価の手法といえる。なかでも、従業員の今の働きぶりや状態を知るには、職場の上司が日常の業務遂行を通して部下を評価する方法が最も現実的であり、人事評価が機能を果たすうえでの中核となる。この方法を、人事考課（査定）という。

　人事考課は、昇進・昇格、昇給、異動、能力開発などの目的に活用するために、仕事ぶり、成果、業績、能力、知識、適性、態度、意欲などいくつかの評価要素に従って、上司その他が評価を行う手続きである。その特徴は、従業員の処遇や能力開発に直接的に影響を与えること、一定の公式化された手順やルールが必要であることである。

　これらの活用目的からいえば、前述した評価の機能、すなわち、従業員の今の状態を「知り、評価する」機能、「人事管理に反映させる」機能、「従業員の行動を変える」機能は、それぞれ別々に働くものではなく、相互に影響し合ったり、連続したりして果たされていると考えることができる。

(2) 人事考課の三つの考課要素

　では、人事考課においては、何が評価の対象（以下、「考課要素」）となっているのだろうか。従来、多くの企業で採用され、日本企業における従業員の等級格付制度の中心的存在であった職能等級制度においては、「能力考課」、「情意考課」、「成果考課」の３点が指摘できる。

　職能等級制度では、ある等級に格付けされている従業員が、実際に発揮された能力に加え、その等級に求められる職能をどれだけ身につけているか、あるいは、そのためにどの程度の能力開発を行ったかを評価する（能力考課）。情意考課は、組織の一員としての自覚や意欲を評価するものであり、日ごろの仕事に取り組む姿勢や仕事ぶりを中心に評価する。成果考課は、その従業員が割り当てられている仕事の質と量をどれだけ達成したかを評価する。つまり、三つの考課要素の中で、発揮された能力による結果を視点にし、従業員の今の状態を「知り、評価する」のは、成果考課によるところが大きい。

(3) 人事考課の課題

　職能等級制度は、制度の根幹が職能におかれているので、総合的な考課結果にお

いても能力考課の比重が高まる。制度自体が、学歴、年齢、勤続年数といった属人的要素を色濃く反映したものであるため、能力考課もそれらの影響を受けやすく、結果として年功的評価になりやすい。

　情意考課の評価観点となる個人の自覚や意欲は、客観的に示されることが難しく、究極的には、評価者の主観に頼らざるをえない。そのような中で、それらを少しでも客観的にとらえようとすれば、最もわかりやすい数的指標は労働時間になる。こうして、労働時間が情意考課の一指標と勘違いされ、職場に残業をしている同僚がいれば、自分の仕事が終わっていても手伝うことが組織の一員としての自覚を示す方法とされたり、翌日に回せる仕事であっても、できるだけ早く終わらせるために残業するのが意欲を示す方法であると思い込んだり、職場の仲間が休まず働いているときに、私用で有給休暇をとるのは傍迷惑だと、上司も部下も思い違いしている職場が後を絶たない。

　加えて、近年では就業形態も多様化し、さまざまな時間的制約をもつ従業員が増加しているが、そうした制約を抱えながら働く従業員が、自分の働きぶりや仕事の成果は公平に評価されていないとの不安や不満を抱えることになる。例えば、育児や介護で残業ができない従業員が感じている、職務割当てや人事評価に対しての不安や不満がその代表的なものである。わが国の所定外労働時間が長いのは、本章－2で述べたように、正規従業員が抱える業務量が、もともと所定労働時間内では終わらせることが難しいことに主な原因があるが、長時間会社にいることが、組織の一員としての自覚や意欲の表現として評価されるような考課のあり方にも一因がないとはいえない。

　こうした人事考課には、評価基準自体の曖昧性、不透明性と同時に、評価過程、さらには評価結果についてさえも、評価される側の従業員には納得が得られないことが多い。その評価が上司からの一方的なものであれば、なおさら、この納得性の欠如感は高まる。その解決策として、企業では、あらかじめ評価基準を開示する、期末評価に先立って自己評価と上司の評価とのすりあわせ機会をもつ、などの努力をしてきた。しかしながら、評価結果について公開している企業は7割以下である（図表9－4）。また、労務行政研究所の独自調査によれば、人事評価結果のフィードバックを行っている企業の割合は全体の87.4％であるが、フィードバックの方法として最も多いのは「面談（一人あたり15分以上30分未満）の実施」であり、「記入済み評価シート（考課票）を用いての説明」は、56.3％にとどまる。

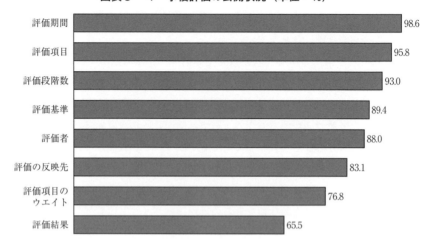

図表9-4　事後評価の公開状況（単位：％）

出所：産労総合研究所「2016年 評価制度の運用に関する調査」

このように、評価結果の公表が不十分であることに加え、評価基準自体が曖昧であると、前述した解決策も、結局は下された評価結果を被評価者に受け入れさせるための方策でしかなく、従業員のさらなる能力発揮を促すには至らないだろう。

4-4　成果を重視する評価制度への移行

　1990年代以降、グローバル化が進む中、国内外で急速かつ急激に変化する経営環境下におかれ、わが国に特徴的な職能等級制度における人事考課も大きく転換することを求められた。いわゆる、成果主義への転換である。成果主義とは、従業員の一定期間内の成果業績を測定し、その結果を処遇に結びつけていくことであり、昇進と昇給の仕組みから勤続年数がかかわる要素を除き、仕事上で示した成果を処遇に直結させる人事である。

　しかし、こうした成果主義を厳密に運用して評価を行うことは、個人の職務範囲が曖昧で、各々の部署に割り当てられた業務をチームとして遂行することを前提とされている仕組みの中では、現実的ではない。特に、人材育成あるいは能力開発を目的に、本人が望まない職務、あるいは苦手意識がある職務に配置している場合、配置当初は、業績があがりにくいこともある。それを、単に個人の能力不足による業績不振として評価すると、個人の不満や不公平感が残るのは必至であろう。

そこで、単に業績結果を視点とする成果主義ではなく、成果に至るまでの過程や評価期間中の仕事環境なども加味して評価する制度への移行が進んでいる。現在、後述する目標管理をはじめ、コンピテンシー評価、多面評価（360度評価）など、従来の人事考課とは異なる評価手法を用いる企業も少なくない。

コンピテンシー評価は、優秀な業績をあげる人材の行動特性を割り出したコンピテンシーモデルをつくり、同じ職種の従業員とそのモデルとのギャップを測ろうとするものである。ギャップを小さくするための能力開発や教育訓練を行うことで、モデルに近づくことを目指していく。

多面評価は、上司が部下を評価するという上下関係のみの評価視点ではなく、同僚や先輩、後輩従業員など職場の仲間、仕事を一緒に行う関係部署の担当者といった横や斜めの関係をもつ人々が評価したり、縦の関係を逆にして部下が上司を評価したりといった方法で、一人の人材を多面的に評価しようとする方法である。

コンピテンシー評価も多面評価も、結果をそのまま処遇に結びつけるというよりは、人材の今の状況を知ることによって、将来、望まれる能力を明確にし、その獲得に向かって能力開発をしようとする育成思考の評価であり、成果を測る手法には向いていない。

それらとは対照的に、能力開発も目指しつつ、個々の働き方に合わせて柔軟に運用でき、多様な職種であっても一つの基準で評価できるのが、次に述べる目標管理制度であろう。

4-5　目標管理制度

成果主義への移行の過程で、現在、多くの企業で実施されているのが「目標管理制度」（Management By Objectives：以下、「MBO」）である。

目標管理とは、「行動計画に組み込み得る具体的で測定可能、かつ期限の明確な目標や目的を、上司と部下が相互に設定し、その目標を追求することによって、組織目標と個人目標を一致させ、本人の自己統制と上司からのフィードバックを活用して、個々人が目標達成に向けて行動を行い、目標達成という観点で従業員を評価していく施策」である（高橋潔『人事評価の総合科学—努力と能力と行動の評価』）。そのプロセスは、以下のように進められる。

①評価期間期初において、上司と部下が話し合い、1年あるいは半年の仕事の目標を決める。

②その目標を基準として、部下は期中に仕事の進捗状況を管理する。同時に、場合によっては、上司もその進捗状況を把握し、部下に必要なサポートを行う。
③期末において、上司と部下の両者で、目標の達成度を評価する。
④この評価を人事評価に反映する。

こうしたMBOには、以下のような長所がある。MBOにおいては、期初に立てる個人の目標は、全社目標、部門目標の達成に貢献するものでなければならず、そのことは結果として、個人目標の達成が組織目標の達成に寄与することになる。同時に、従業員個人は、自分の目標達成度がどれだけ組織目標達成に貢献したかを把握できる。加えて、目標の設定に業務遂行を実際に担う従業員が参画し、さらに、その進捗状況においても各人が自律的に管理することが求められるため、個人の自律性と自己管理能力が養われる。この自己管理能力は、目標達成のために各人が取り組む自律的な能力開発を促すことにもなり、結果として従業員各人の職務遂行全般における自律意識を高める。また、期初の目標設定、期中の進捗管理、期末の達成度の評価などにおいて、上司と部下との公式的なコミュニケーション機会が設けられることなどがあげられる。

しかし、他方で次のような短所もある。個人が目標達成にこだわるあまり、十分な能力発揮につながらない低目標を設定する場合がある。目標が個人別に設定されるため、職場チームの一員としての意識が希薄になり、チームで行う業務には、制度自体がなじみにくい。また、仕事の方法や進め方について、部下に大幅な権限委譲を行うことになるので、上司のリーダーシップスタイルによって、もたらされる効果の差が大きい。長くても1年単位での成果評価であるため、長期的な仕事意欲にはつながりにくいことなども指摘されている。

4-6　多様な働き方に対応する人事評価制度

目標管理制度を評価の仕組みとして考えた場合、最も大きなメリットは、多様な職種に就いている従業員を、「個人の達成度」という共通した一つの基準によって評価できることにある。このことは、多様な職種の従業員の評価だけでなく、多様な働き方の従業員の評価への適用も可能にするはずである。個々の従業員が、自分のおかれている状況に合わせた働き方の範囲で、組織目標に貢献できる個人目標を設定でき、その達成度によって評価されれば、評価の納得度も上昇すると考えられる。

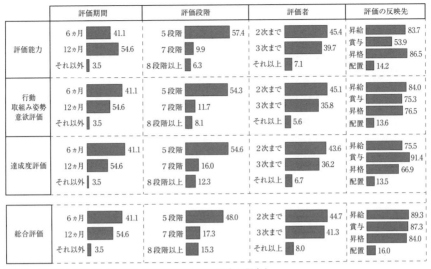

図表9-5 事後評価制度の仕組み(複数回答,単位：%)

出所：産労総合研究所「2016年 評価制度の運用に関する調査」

　多くの企業では、評価の仕方や総合評価の内訳となる複数の評価要素に対するウエイトのおき方を、職位や等級ごとに変えている。つまり、目標達成度を視点とする評価要素は、従来の成果考課の部分に適用している場合が多い。したがって、保有されていると仮定される能力や仕事への態度、すなわち、意欲や姿勢も評価要素として残され、最終的な評価結果は、目標達成度以外の評価要素も加えた総合評価とする企業が多い（図表9-5）。この目標管理制度のメリットを活かし、多様な就業形態の従業員に納得性のある評価を示すには、労働時間の長さに評価結果が左右されることがないよう、どの職位や等級であっても総合評価における目標達成度のウエイトを高めるべきであると考える。

　同時に、評価者教育も重要である。企業は評価者研修を実施し、対応が難しい事例を取り上げて課題を共有し対応を検討するなど、実践に即した評価の眼を養う機会を与えることが重要となる。それ以前に、仕事への態度を表す指標は、労働時間の長さではなく、生産性意識の高さ、つまり、労働の密度であることを評価者に認識させ、評価の着眼点の転換を図り、定着化させることが必要になる。評価者の能力開発ツールとして、部下を含めた多面評価やコンピテンシー評価を用いることが効果を発揮する。

これまでの議論をまとめると、次のようになるだろう。すなわち、多様な就業形態に対応する人事評価管理には、これまで私たちが試みてきた制度の中では、目標管理制度が最も適している。そこには、働き方に応じた柔軟性を持ち込める可能性があるからである。しかし、そのメリットを活かすには、評価者の意識改革と評価スキルの向上が欠かせない。同時に、それらの取組みが効果を出すためには、被評価者、つまり、評価される側にも課題がある。納得できる評価を得て、それをその後の能力発揮につなげられるかどうかは、評価される側がどのように評価結果を受け取るかにかかっている。そこには、被評価者の主観が交わるのはいうまでもない。

組織の中で担う役割や立場に応じて、何をどのように評価すべきかは違ってくるので、単一の仕組みでの評価は難しい。MBOに関しては賛否両論があるが、成功している組織には、MBOのみに頼らない、多重な評価制度の組み合わせに挑戦しているところがある。人間のやる気や意欲を問題にする場合、動機づけの議論が必ずといっていいほど持ち上がる。成功している組織では、従業員の仕事に対するモチベーションを持続させていくためのコーチングの考え方や、そこにおける支援者のあるべき姿が追求されている。

多様な働き方の時代においては、個々の働き方を単一的な主流のものとそうでないもの、という分け方ではなく、すべての働き方が個人にとっての主流であると考えることによる評価管理が望まれる。

【参考文献】

1）日戸浩之『就労意識の変化から見た働き方改革』野村総合研究所「知的資産創造」2017年7月号
https://www.nri.com/~/media/PDF/jp/opinion/teiki/chitekishisan/cs201707/cs20170703.pdf.
2）総務省統計局「労働力調査」
3）厚生労働省「平成26年 就業形態の多様化に関する総合実態調査の概況」
https://www.mhlw.go.jp/toukei/itiran/roudou/koyou/keitai/14/dl/gaikyo.pdf.
4）渡部あさみ『時間を取り戻す 長時間労働を変える人事労務管理』旬報社、2016年
5）厚生労働省「平成28年における労働災害発生状況（確定）」
http://www.mhlw.go.jp/bunya/roudoukijun/anzeneisei11/rousai-hassei/
6）堀江正知「産業医と労働安全衛生法の歴史」『産業医科大学雑誌』第35巻特集号（産業医と労働安全衛生法40年）、2013年

7）ローゼン『ヘルシー・カンパニー』宗像恒次監訳、産能大学出版部、1994年
8）森晃爾「『健康経営』の基本と取り組みの方向性 従業員の健康は"経営資源"という認識の下、積極的な投資が業績によい影響をもたらす」『労政時報』第3905号、2016年
9）今野浩一郎・佐藤博樹『人事管理入門（第2版）』日本経済新聞出版社、2002年
10）高橋潔『人事評価の総合科学—努力と能力と行動の評価』白桃書房、2010年
11）奥林康司・上林憲雄・平野光俊『入門 人的資源管理（第2版）』中央経済社、2010年
12）日本経団連出版編『コミュニケーション重視の目標管理・人事考課シート集』日本経団連出版、2012年

第10章 変化する労働環境と人的資源管理監査

1 経営力・経営安定のポイント──労使関係管理

1-1 労使関係の現状と課題

(1) 経営力・経営安定のポイントとなる労使関係

①使用者、労働者の定義

労使関係（industrial relations）とは、使用者である企業と従業員である労働者との関係のことである。使用者とは、「事業主又は事業の経営担当者その他その事業の労働者に関する事項について、事業主のために行為をするすべての者」（労働基準法第10条）、労働者とは、「職業の種類を問わず、事業又は事務所に使用される者で、賃金を支払われる者」（同第9条）のことを指す。

②労働者の権利

「勤労者の団結する権利及び団体交渉その他の団体行動をする権利は、これを保障する」（日本国憲法第28条）という規定に基づき、労働者は使用者と対等な立場で労働条件などの交渉を行う権利として、労働三権と呼ばれる労働基本権を有する。労働基本権とは、団結権、団体交渉権、団体行動権（争議権）の三つの権利のことである。

団結権とは、労働組合を結成し団結する権利、団体交渉権とは、労働者が使用者と対等の立場で交渉する権利である。なお、労働者の団体交渉の申し入れに対して、正当な理由がない限り使用者側は交渉に応じる必要があり、違反すれば不当労働行為になる（労働組合法第7条第2項）。団体行動権とは、労働組合が争議を行う権利であり、労働条件の改善などを目的に、ストライキなどの行為を行う。

こうした法律に基づく良好な労使関係は、労働環境の整備を図り、従業員個々の生活を充実させ、満足度を高めていく。従業員満足度の向上は、顧客満足度の向上にもつながり、結果として経営力の向上となる点で、労使関係は大きな役割をもつ。

③労使関係の調整機関

厚生労働省では、労使紛争の解決などを通じ、安定した労使関係を促進してい

る。使用者による不当労働行為や、ストライキなどの労働争議といった労使の利害対立による労使紛争は、労使当事者だけでなく、社会にも大きな損失をもたらすため、労使紛争の防止と早期の円満な解決が望ましいとしている。

労使紛争が発生した場合、労使当事者で自主的に解決することが基本であるが、当事者だけでは解決しない場合がある。そのため、労使当事者間の紛争を解決する第三者機関として、各都道府県に「都道府県労働委員会」、国に「中央労働委員会」を設けている。これらの労働委員会では、当事者の申請に基づき、不当労働行為があったか否かの審査（必要に応じ救済命令を発する）とともに、斡旋、調停および仲裁による調整を行っている。

(2) 労働に関する法律
①労働三法

わが国の労働に関する法律の代表として、「労働基準法」、「労働組合法」、「労働関係調整法」があげられる。これらは、労働三法と呼ばれる。

労働基準法は、労働者が働くうえで、最低基準となる労働条件を定めた法律である。労働契約や賃金、労働時間、休日および年次有給休暇、災害補償、就業規則などについて定めている。

労働組合法は、労働組合や不当労働行為、労働協約、労働委員会などについて定めている。労働者の団結権、団体交渉権を保障することで、労働者が使用者との交渉で対等の立場に立てるようにし、労働者の地位向上を図ることを目的とした法律である。

労働関係調整法は、労働関係の公正な調整により、労働争議を予防、解決することを目的とした法律である。労使間の紛争解決に際して、自主的な解決を原則としながら、斡旋、調停、仲裁、緊急調整の調整方法を規定し、争議行為の制限・禁止などを定めている。

②労働契約法

近年、パートタイム労働や派遣労働など就業形態の多様化や企業と労働者個人の個別労働関係紛争が増加したことに対応するため、2008年3月、「労働契約法」が施行された。企業と労働者が対等な立場で労働契約を結び、解雇や懲戒権の濫用は無効であること、また、有期労働契約に関しても、やむをえない事由以外による期間中の解雇はできないことを定めている。

2013年4月以降、法改正により、非正規雇用労働者の勤務期間が、同じ企業で通算5年を超えて有期労働契約が繰り返し更新（5年ルール）され、かつ労働者本人から申請があった場合、期間の定めのない無期労働契約に転換することができるようになった。しかし、再雇用までの空白期間が6ヵ月以上ある場合、以前の契約期間は無効となり（クーリング）、通算されない。

なお、企業の中には、非正規雇用労働者の通算契約期間を5年以内とするなど、無期労働契約への転換逃れをするところがあるため、使用者による適正な法律の運用が求められている。

(3) 労働組合
①労働組合の現状と課題

労働組合とは、「労働者が主体となって、自主的に労働条件の改善その他経済的地位の向上を図ることを主たる目的として組織する団体及びその連合団体」（労働組合法第2条）のことである。労働者が労働組合を組織して活動する権利は、労働組合法によって定められている。労働組合法は、労働組合に対し、使用者との間で「労働協約」を締結する権能を認めるとともに、使用者が労働組合や労働組合員に対して不利益な取扱いをすることを「不当労働行為」として禁止している。

厚生労働省の「平成30年 労使関係総合調査（労働組合基礎調査）」によると、2018年現在、わが国の単一労働組合数は24,328組合であり、年々減少傾向にある。単一労働組合員数は1,007万人で、2015年以降、下げ止まっている。雇用者数に占める労働組合員数の割合である推定組織率は17.0％である。一方で、パートタイム労働者の労働組合員数は129万6千人であり、パートタイム労働者を調査項目に加えた1990年以降、最高を更新している。全労働組合員数に占める割合も年々増加傾向にあり、パートタイム労働者の推定組織率は8.1％となっている。また、全国レベルの主要団体別労働組合員数をみると、日本労働組合総連合会（連合）が686万1千人、全国労働組合総連合（全労連）が53万6千人、全国労働組合連絡協議会（全労協）が9万7千人となっている。労働組合の課題は、正規雇用労働者数に占める労働組合員数の割合（推定組織率）の低下である。労働組合員数の減少により組織率が低下する一方で、パートタイム従業員の組合員数と組織率が増加している。

戦後の労働組合は、大企業を中心とした「企業別労働組合」によって発展してきた。企業別労働組合の組合員は、ほとんど正規雇用労働者で構成された。また、多

くの企業で、労働組合員であることを雇用条件とする「ユニオン・ショップ協定」を取り入れており、入社と同時に組合員となることもあった。なお、1980年代初頭に労働組合数、労働組合員数ともピークを迎えている。

労働組合といえば、1980年代までは、経営者への抵抗や賃上げなどを求め、団体交渉やストライキなどの手段を取る闘う集団の印象であった。しかし、1990年代以降は、労働者の要望の多様化や労使関係の安定化などにより、労働組合の存在が希薄化していくとともに、労働者の労働組合に対する無関心化も招いた。さらに、本来の労働問題と関わりのない政治運動への参加、御用組合の設立による労働組合活動の形骸化・無機能化など、労働組合の課題も出てきている。組合費に見合った活動が行われているのかとの疑問もある。

争議権は労働者の権利であるが、近年は顧客との関係強化とともに、ストライキなどにより顧客に迷惑をかけられないといった意識も強まっており、強硬な交渉手段を取りにくい状況にあることも、労働組合の組織率に影響しているとみられる。

こうした中で、労働組合の指導者であるユニオンリーダーの役割が増している。ユニオンリーダーのリーダーシップにより、正規雇用労働者の組織率低下、パートタイム従業員の増加など、現代の労働組合の変化に対処していくことが期待される。

②労働組合の形態

労働組合には、「職業別組合（craft union）」、「一般組合（general union）」、「産業別組合（industrial union）」の三つの形態がある。

職業別組合は、同一の職種・職能に従事する労働者により、産業や企業などの枠を超えて組織された労働組合である。同一の技能を有する熟練労働者によって組合が形成される。そのため、組合の加入資格は、一定期間徒弟制度による修業を経た熟練労働者となる。

一般組合は、さまざまな職種・職能に従事する労働者により、産業や企業などの枠を超えて組織された労働組合である。職業や産業、企業などの区別がないため、組合の加入資格に制限がない。

産業別組合は、さまざまな職種・職能に従事する労働者により、産業別に組織された労働組合である。組合の加入資格は、職種や熟練の度合いにかかわらず、同一の産業に属することが条件である。なお、さまざまな職種・職能に従事する労働者により、企業別に組織された労働組合は、「企業別組合」と呼ばれ、わが国においては、この形態が多くを占めている。

職業別組合から一般組合や産業別組合が形成された背景には、熟練労働者が従事する職種が減少したことがある。自動車などの大量生産方式が普及したことをはじめ、都市化によるホワイトカラーの増加、流通の発達により、不熟練労働者や新たな産業に従事する労働者が増加し、一般組合や産業別組合が増えた。

欧米の労働組合は、産業別の組織となっており、個人での加入が特徴である。わが国とは異なり、職種にかかわらず、同一産業に所属する従業員が、正規雇用、非正規雇用に関係なく加入することができる。

企業別組合とは、一企業一組合といったように、企業別、事業所別に組織化された労働組合であり、企業ごとの正規雇用従業員が慣習的に組合員となる。

わが国の労働組合は、この企業別組合が中心となっている。日本的経営の特徴として、「終身雇用」、「年功賃金」に加えて、「企業別組合」があげられる。わが国において、企業別組合が労働組合の形態として主流となった背景には、労働市場の閉鎖性に加えて、企業が個別に取り組む、終身雇用制度や年功賃金制度などがある。

わが国における産業別組合は、企業別組合が産業別に組織化されたものとなっている。欧米とは異なり、個人加盟の単一組合はほとんどなく、単位産業別組合を形成しているのが特徴である。単位産業別組合とは、企業別組合が産業別に連合したもので、「単産」と呼ばれている。わが国では、自治労、自動車総連、電機連合、UAゼンセンなどの単産がある。

これらの産業別組合が集まって、全国中央組織（ナショナルセンター）を形成している。全国中央組織には、日本労働組合総連合会（連合）、全国労働組合総連合（全労連）、全国労働組合連絡協議会（全労協）などがある。

全国中央組織は、個別の企業別組合の枠を超える課題に取り組んでいる。毎年の春闘を主導するほか、政府への要請や政策制度実現に向けた取組みを行っている。

③春闘

各企業などの労働組合は、全国中央組織や産業別組織の指導・調整をもとに、毎年春、賃金引上げなどを中心とする要求を企業などに提出し、団体交渉を行う。これを、「春闘」と呼ぶ。企業別での労働組合では交渉力が弱いため、このような産業別の交渉（闘争）となっている。現在の春闘方式は、1956年から始まったといわれている。

賃上げ以外にも、雇用維持や労働時間の短縮、育児支援など、時代の変化に応じて要求が多様化している。また、春闘の時期以外にも、年末一時金（賞与）や休暇

制度など、さまざまな課題について労使交渉が行われている。

④ショップ制
ショップ制とは、労使間において、組合員資格と従業員資格を関係させる制度である。従業員の組合加入を義務づけることで、企業内での労働条件の維持改善や組合の地位の向上を図るシステムである。なお、ショップとは、これらの制度を受ける職場や事業所を意味する。

ショップ制には、主に「クローズド・ショップ」、「ユニオン・ショップ」、「オープン・ショップ」の形態がある。クローズド・ショップとは、使用者に対して、特定労働組合の組合員を従業員として採用することを義務づける制度である。ユニオン・ショップとは、従業員が労働組合に加入し、組合員の資格を得なければならない制度である。脱退、除名により組合員の資格を失った場合、解雇される。オープン・ショップとは、従業員の労働組合への加入が任意である制度である。組合への加入、不加入にかかわらず、使用者から平等に取り扱われる。

(4) 労使協議制
労使協議制とは、労働者と使用者の間で、経営上の諸問題について協議する制度である。労働者は、労働組合に限定せず、従業員代表として協議を行う場合がある。そのことにより、労働者の意見が労働条件にとどまらず、働く環境の整備や経営上の問題の解決につながるケースもある。わが国では、労使の円滑化を図るために、経営協議会を通じて労使の意思疎通を図ることが多い。さらに、個別企業から産業全体に規模が広がることで、産業全体の共通の課題などへの取組みも可能となる。ただし、労使協議制は、争議権を前提とする団体交渉制度とは区別される。

このような労使の協調関係は、労使自治の考えのもと、国の介入に頼らずに良好な労使関係を構築し、最低限の労働条件が定められた法律にない制度や、法律を上回る制度をつくるうえでの役割を果たしている。その一方、非正規雇用労働者の増加などの労働環境の変化に対応できていない、サービス残業や長時間労働など労働者の待遇改善が進んでいないなど、効果が疑問視されてきている。

1-2 今後の労使関係

(1) 集団的労使関係から個別的労使関係へ
労使関係には、労働者個人と使用者との「個別的労使関係」、労働組合と使用者

との「集団的労使関係」がある。

　労使関係を考えるうえで重要な点は、労働者が労働組合を通じて使用者とどのように関わっていくのかということである。労働者と企業の利害が合致し、労使が安定的な関係を構築している場合には、労働者は労使関係をほとんど意識せずに経営に参加できる。

　しかしながら、労働者と使用者の利害の対立から、労使関係が不安定になることがある。これは、労働者の立場が使用者よりも弱いことを示しており、労使が対等な立場で問題の解決に取り組めるよう、労使関係を改善する必要がある。

　集団的労使関係においては、賃上げや労働環境などの問題に対して改善・解決が図られてきた。近年では、賃金（減給、未払い）、解雇、過重労働、左遷（配置転換）などに加えて、上司によるパワーハラスメント（いじめ）、女性に対するセクシャルハラスメント、妊婦に対するマタニティハラスメントなど、上司と部下との個別的な問題が増加しており、個別的労使関係へのさらなる対応が求められている。

(2) ディーセント・ワーク

　ディーセント（decent）とは、「社会的基準からみて見苦しくない、きちんとした、礼儀正しい」などの意味を有している。ディーセント・ワークは「働きがいのある人間らしい仕事」と訳され、1999年6月の第87回総会で提案されたILOの活動目標である。具体的には、権利が適切に保障され、十分な収入を生み、適切な社会的保護が与えられる生産的な仕事のことである。

　ILOでは、ディーセント・ワーク実現に向け、男女平等や非差別といった課題とともに、①雇用の促進、②社会的保護の方策の展開および強化、③社会対話の促進、④労働における基本的原則および権利の尊重、促進および実現、の四つの戦略的目標を掲げている。

　近年、中小企業やベンチャー企業などで、労働組合がないところは多数存在する。カリスマ的な創業者が家族主義経営を行うことで成長を遂げた企業もある一方、「ブラック企業」と呼ばれる企業も増加している。

　厚生労働省によると、ブラック企業の一般的な特徴として、労働者に対し極端な長時間労働や過剰なノルマを課すこと、賃金不払残業やパワーハラスメントが横行するなど企業全体のコンプライアンス意識が低いこと、また、このような状況下で労働者に対し過度の選抜を行うことなどがみられる。労働安全衛生法、労働基準

法、最低賃金法に違反した企業が、労働基準関係法令違反として、書類送検（司法処分）される例も後を絶たない。このような動きは、ディーセント・ワークの推進と逆行している。

ブラック企業が増加している背景の一つに、労働組合がない企業の増加がある。小規模零細企業には労働組合がないところが多く、組合未加入の労働者が多く存在する。創業間もない新興企業の増加やパートタイマーなど非正規労働者の増加にともない、こうした未組織労働者は増加傾向にある。また、労働組合がない企業のほかに、労働組合を結成しようとすると、解雇などで妨害し、労働組合の結成を阻む企業もある。

こうした組合がない労働者を対象とし、職業や産業、正規・非正規の雇用形態にかかわらず、個人加盟できる労働組合として、合同労働組合（合同労組：ユニオン、一般労働組合とも呼ばれる）がある。合同労働組合の多くは、日本労働組合総連合会（連合）、全国労働組合総連合（全労連）、全国労働組合連絡協議会（全労協）などの全国中央組織に属しており、労働者個人と使用者との個別的労使問題への改善・解決に取り組んでいる。

2 人的資源管理の評価──人的資源管理監査

2-1　適切な人的資源管理システムの重要性

企業が安定して経営力を発揮するためには、競争優位の源泉としての人的資源である従業員が、もてる能力を十分発揮する必要があるが、そのためには良好な労使関係の構築が不可欠となる。具体的には、従来の労働組合を中心とした集団的労使関係だけではなく、適切な人的資源管理システムを前提とした個別的労使関係で対応する必要がある。

従業員個人のニーズが多様化していく中、企業は従業員を企業の視点からのみ活用することを考えるのではなく、従業員を個人として尊重したうえで活用しなければならない。人的資源管理は、経営戦略や経営計画と密接にかかわる活動であるが、戦略面のみに比重をおいた進め方をすると、従業員のモチベーションなどに問題が出てくる可能性がある。企業の人的資源管理システムは、企業に属する従業員のみでなく、広く社会から評価されるものでなければならないのである。

例えば、サービス残業や過労死なども、企業の人的資源管理システムに関わる課

題であるが、過労死を発生させた企業の人的資源管理システムは、問題視され、批判の対象になるだろう。人的資源管理システムが適切に設定されていないばかりに、企業の信頼まで失ってしまう結果にもなりかねない。人的資源管理システムは、企業内だけで完結するものではなく、さまざまな利害関係者（ステークホルダー）に影響を与えることを理解しておきたい。

2-2　人的資源管理監査の取組み

　すでに構築、運営されている人的資源管理システムについては、有効に機能しているかどうかを確かめる必要がある。もし、有効に機能していないのなら、システムを見直し、再構築しなければならない。

　そのためには、内部監査が有用であると指摘されている。「今日の内部監査においては、現在の管理活動の効果性、有効性の測定、評価にとどまらず、他社の優れた管理活動に学び、より現行の制度、施策を優れた制度、施策へと改善、改革するという取り組み（benchmarking）をも行うという監査活動であることが期待される」（梶原豊「人的資源管理と監査」『高千穂論叢』）。すなわち、人的資源管理システムにも内部監査を取り入れることにより、現状に甘んじることなく、より優れたシステムの構築が可能となるのである。このように、自社の人的資源管理システムに内部監査を適用することを、ここでは「人的資源管理監査」と呼ぶことにする。

　人的資源管理監査においては、適切な人的資源管理システムや人事制度、諸施策が導入されているかどうかを評価するのは当然である。しかしながら、より重要なのは、それらが適切に運営されているかどうかである。

2-3　人的資源管理監査の体系と手法

(1) 人的資源管理監査の体系

　人的資源管理活動に関する内部監査の基本的領域は、以下の三つにまとめられる。

　①経営戦略・経営計画と人的資源管理

　主として、経営戦略、経営計画に対応した雇用管理、教育訓練管理、福利厚生管理、賃金管理などが適切に行われているかどうかについて監査する。

　②モチベーション管理

　モチベーションに影響を与える雇用管理、人間関係管理、教育訓練管理、人事考課管理などの人的資源管理を構成する各管理活動が、社会動向に照らし、適切なモ

チベーション要因になっているかなどを監査する。
③ステークホルダーへの対応
　経営理念、企業行動理念（企業行動憲章）などが、日常業務の過程に定着し、各ステークホルダーに適切に対応しているか、企業市民としての役割を果たしているか監査する。

(2) 人的資源管理監査の評価方法
　人的資源管理監査にあたっては、データ分析も重要である。もちろん、データのみでは実態把握は困難であるが、データ分析を活かすことにより、適切な人的資源管理監査の実施が可能となる。その際、分析される評価項目としては、以下のものがある。
　①組織分析
　②人員構成分析
　③就業状況分析
　④異動状況分析（採用、退職、配置転換など）
　⑤人件費分析
　⑥人事評価分析（人事考課など）
　⑦教育訓練状況分析
　⑧安全・衛生管理状況分析
　⑨社内コミュニケーション分析
　⑩労使関係分析
　これらを実施するにあたっては、項目によっては他社のデータ、数値を参考にして、自社の状況分析、評価を行うことが重要となる。

2－4　よりよい労使関係の構築のために

　人的資源管理は、企業の目的を達成するために従業員を有効活用するだけでなく、よりよい労使関係構築のためにも重要な役割を担っている。また、人的資源管理システムは、環境変化に対応しているかどうかの点検が必要である。そのために、人的資源管理監査はきわめて有用な手法であると考えられる。
　労使関係をめぐる環境は、これからも急激に変化するだろう。現在においても、女性労働者の増加、働き方の多様化、ダイバーシティ・マネジメント、グローバル

経営など、人的資源管理上の課題はたくさんある。これらの課題に対応するために、人的資源管理も変化しなければならない。そうすることで、労使双方にとってよりよい状況が形成されることを期待したい。

【参考文献】

1) 佐藤博樹・藤村博之・八代充史『新しい人事労務管理（第5版）』有斐閣アルマ、2015年
2) 佐野陽子『はじめての人的資源管理』有斐閣、2007年
3) 白木三秀編『新版 人的資源管理の基本（第2版）』文眞堂、2015年
4) 西久保浩二『戦略的福利厚生―経営的効果とその戦略貢献性の検証』社会経済生産性本部生産性情報センター、2005年
5) 厚生労働省ホームページ「育児・介護休業法について」
   https://www.mhlw.go.jp/stf/seisakunitsuite/bunya/0000130583.html.
6) タワーズワトソンホームページ「従業員の持続可能なエンゲージメント（会社への自発的貢献意欲の持続性）が業績に影響」
   https://www.towerswatson.com/ja-JP/Press/2012/07/7642.
7) 厚生労働省ホームページ「労働組合」
   https://www.mhlw.go.jp/stf/seisakunitsuite/bunya/koyou_roudou/roudouseisaku/roudoukumiai/index.html.
8) 厚生労働省ホームページ「労使関係総合調査（労働組合基礎調査）」
   https://www.mhlw.go.jp/toukei/list/13-23.html.
9) 厚生労働省ホームページ「労使紛争の解決などを通じた安定した労使関係の促進」
   https://www.mhlw.go.jp/stf/seisakunitsuite/bunya/koyou_roudou/roudouseisaku/roushifunsou/index.html.
10) 厚生労働省ホームページ「春闘」
    https://www.mhlw.go.jp/stf/seisakunitsuite/bunya/koyou_roudou/roudouseisaku/shuntou/index.html.
11) 厚生労働省ホームページ「『ブラック企業』ってどんな会社なの？」
    https://www.check-roudou.mhlw.go.jp/qa/roudousya/zenpan/q4.html.
12) 梶原豊「人的資源管理と監査」『高千穂論叢』第38巻第2号、2003年
13) 土屋直樹「団体交渉と労使協議」『日本労働研究雑誌』No. 657、2015年

【編著者紹介】

梶原　豊（かじわら　ゆたか）……………………………………第1章、第2章-1担当
高千穂大学名誉教授、経営学博士
1961年明治大学政治経済学部卒業、ミュンヘン大学に留学。高千穂大学・同大学院教授・同大学院研究科長、明治大学特別招聘教授、ビジネス・キャリア検定委員会委員長、その他の委員会委員長歴任。経営学、人的資源管理論、経営教育論専攻
　◎主要著書
『人的資源管理論』、『地域産業の活性化と人材の確保・育成』、『人材開発の経営学―人事戦略の視点と展開シナリオ―』、『21世紀の経営パラダイム』（編著）、『働きがいを感じる会社』（編著）、『労務管理と診断』（共著）、『大学生のキャリア開発―自分らしく働くための処方箋』（共著）（以上、同友館）、『人材開発論』、『現代経営学総論』（編著）、『現代の企業経営』（編著）、『課題研究法による経営管理能力開発』（共著）（以上、白桃書房）、『現代人事労務管理論』（共著、八千代出版）、『経営人材形成史』（中央経済社）、『人材開発戦略』、『実践小集団活動』、『35歳からのキャリア開発』（以上、マネジメント社）、『「人材」の条件』（共著）、『リーダーシップ発揮の技術』（共著）、『経営実務大百科』（分担執筆）（以上、ダイヤモンド社）、『産業訓練百年史』（共著、日本産業訓練協会）、『監督管理用語の基礎知識』（編著、日本労務研究会）

吉村　孝司（よしむら　こうじ）………………………………第4章-2、第5章担当
明治大学専門職大学院会計専門職研究科教授、経営学博士
1984年明治大学経営学部卒業、1994年明治大学大学院経営学研究科博士後期課程修了。新潟産業大学教授、埼玉学園大学教授を経て、2005年より現職
　◎主要著書
『日本企業の経営力創生と経営者・管理者教育』（分担執筆、学文社）、『講座経営教育2　経営者論』（分担執筆、中央経済社）、『経営戦略』（共著、学文社）、『マネジメント・ベーシックス』（編著、同文舘出版）、『企業イノベーション・マネジメント』（中央経済社）

【著者紹介】

服部　治（はっとり　おさむ）……………………………………………第2章-2担当
金沢星稜大学名誉教授、松蔭大学客員教授、中国・黒河学院客員教授
　◎主要著書
『能力戦略システム』（マネジメント社）、『現代経営行動論』（晃洋書房、2005年度日本労働ペンクラブ賞受賞）、『海外日系企業の人材形成とCSR』（同文舘出版）

谷田部　光一（やたべ　こういち）……………………………………第2章-3担当
元・日本大学法学部教授
　◎主要著書
『専門・プロ人材のマネジメント』（桜門書房）、『働きがいの人材マネジメント』、『キャリア・マネジメント―人材マネジメントの視点から―』（以上、晃洋書房）

編著者・著者紹介

宮島　裕（みやじま ゆたか）……… 第3章－1、第6章、第8章－3、第10章－2担当
共栄大学国際経営学部教授

佐藤 聡彦（さとう としひこ）……………… 第3章－2、第8章－2、第10章－1担当
株式会社矢野経済研究所上級研究員

古川 久敬（ふるかわ ひさたか）…………………………………… 第4章－1担当
九州大学名誉教授、教育学博士
　◎主要著書
『「壁」と「溝」を越えるコミュニケーション』（ナカニシヤ出版）、『組織心理学』（培風館）、『人的資源マネジメント』（編著、白桃書房）、『チームマネジメント』（日本経済新聞社）

田中 聖華（たなか せいか）……………………………… 第4章－3、第9章担当
横浜商科大学商学部商学科准教授、キャリア支援部長
　◎主要著書
『だれも教えてくれなかった ほんとうは楽しい仕事＆子育て両立ガイドブック』（共著、ディスカバー・トゥエンティワン）、『大学生のキャリア開発─自分らしく働くための処方箋』（共著、同友館）、『大学生のためのライフ・デザインのすすめ』（分担執筆、リンケージ・パブリッシング）

松村 洋平（まつむら ようへい）…………………………… 第7章、第8章－1担当
立正大学経営学部教授
　◎主要著書
『経営学研究の新展開─共創時代の企業経営』（分担執筆、中央経済社）、『スモールビジネスの創造とマネジメント』（分担執筆、学文社）、『地域再生と文系産学連携─ソーシャル・キャピタル形成にむけた実態と検証─』（分担執筆、同友館）

2019年4月1日　第1刷発行

働き方改革時代の人的資源管理

編著者　梶　原　　　豊
　　　　吉　村　孝　司
発行者　脇　坂　康　弘

発行所　株式会社同友館
　　　東京都文京区本郷 3-38-1
　　TEL：03(3813)3966　FAX：03(3818)2774
　　　URL　https://www.doyukan.co.jp/

乱丁・落丁はお取替えいたします。　　印刷：三美印刷／製本：松村製本
ISBN 978-4-496-05410-5　　　　　　　　　　Printed in Japan